新时代教育高质量发展书系
XINSHIDAIJIAOYUGAOZHILIANGFAZHANSHUXI

幼儿教师讲故事

做一名会讲故事的老师

陈卫东　编著

北方联合出版传媒(集团)股份有限公司
万卷出版有限责任公司

图书在版编目（CIP）数据

幼儿教师讲故事：做一名会讲故事的老师 / 陈卫东

编著. -- 沈阳：万卷出版有限责任公司, 2024.3

ISBN 978-7-5470-6447-4

Ⅰ.①幼… Ⅱ.①陈… Ⅲ.①阅读课—学前教育—教

学参考资料 Ⅳ.①G613.2

中国版本图书馆CIP数据核字(2024)第010979号

出版发行：北方联合出版传媒（集团）股份有限公司

万卷出版有限责任公司

（地址：沈阳市和平区十一纬路29号　邮编：110003）

印　刷　者：三河市长城印刷有限公司

经　销　者：全国新华书店

幅面尺寸：170mm×240mm

字　　数：170千字

印　　张：12

出版时间：2024年3月第1版

印刷时间：2024年3月第1次印刷

责任编辑：王雨晴

责任校对：刘　洋

ISBN　978-7-5470-6447-4

定　　价：49.80元

联系电话：024-23284090

传　　真：024-23284448

前言

　　随着时代的变迁和社会的发展，教育理念也在不断地发生着变化。时代变了，逻辑变了，教育者就要知势、知变、知未来，把握教育新时代下的发展新风向、新征程、新使命。党的二十大报告中明确提出，"办好人民满意的教育""强化学前教育、特殊教育普惠发展"。

　　党的十九大以来，随着教育公平和教育质量水平的不断提升，中国教育进入了高质量发展阶段。教育高质量发展作为教育发展新阶段的根本诉求，是回应人们对优质均衡教育需求的现实路径。

　　中国教育事业发展追求的基本目标之一就是教育质量的提升，走高质量发展之路也是教育事业转型为内涵发展的必然选择。为保障学前教育实现从"有质量"到"高质量"的转变、从"外延式"到"内涵式"的转向，为扎实推进"十四五"规划对学前教育发展要求的落实和执行，就需要切实帮助更多幼儿园提高办园质量，推进学前教育高质量发展。

　　当今，随着社会的发展、科学技术的进步、文学艺术的繁荣、知识门类的增多，教育事业得到了迅猛的发展；与此同时，人们对幼儿教育越发重视，幼儿教育蔚然成风。在这种潮流下，人们往往注重的是让孩子们学习技能，却忽视了道德情操、举止言谈、行为习惯和意志品质的教育培养，而这恰恰是关系国家富强、民族昌盛的头等大事。

幼儿是祖国的花朵，是我们未来的希望。幼儿教育为孩子们的一生奠定了坚实的基础，幼儿教育阶段在孩子们的成长历程中占据着举足轻重的作用。

《幼儿园教育指导纲要》中明确指出："幼儿教育是基础教育的重要组成部分，是我国学校教育和终身教育的奠基阶段。城乡各类幼儿园都应从实际出发，因地制宜地实施素质教育，为幼儿一生的发展打好基础。"

幼儿教育是基础教育、启蒙教育，幼儿园是孩子们走进社会的第一站。人生最初的几年，决定和影响着其一生的发展，是其道德观念、行为习惯形成的关键期，而幼儿教师是这个时期对其产生影响的关键人物。

新的时代赋予幼儿教师全新的使命——推动学前教育高质量的发展。

为此，我们编写了《新时代教育高质量发展幼教》书系，这套丛书共10册。本丛书立足于我国当前幼儿教育新形势，遵照党的二十大报告中提出的"加快建设高质量教育体系""强化学前教育、特殊教育普惠发展"的指导方向，并结合2018年中共中央、国务院印发的《关于学前教育深化改革规范发展的若干意见》等有关幼儿教育的文件要求，由一批国内幼儿教育方面的专家策划撰写完成。本丛书广泛吸收我国幼教专家的先进经验和实践成果，以科学性、指导性、实用性为原则，以解决教师实际问题、提高教师教学技能、促进教师专业发展为宗旨，为幼儿教师提供了掌握正确教学方法的科学途径。愿这套丛书能成为帮助广大幼儿教师不断提高核心素养的良师益友。

目录

专题一

幼儿故事概说

　　讲故事是幼儿教育中一种重要的教学方法，我们要充分认识到兴趣是孩子探索知识的最大动力。在孩子们的眼里，学习、生活和游戏都是没有界限的。因此，用生动、活泼、有趣、好听的故事教育幼儿，会让幼儿凭借故事提供的线索，大胆表达自己的理解、展开想象的翅膀、打开思维的通道，从而促进幼儿的全面发展和进步。

主题1 幼儿故事对幼儿的影响

幼儿故事对幼儿的成长具有特殊的意义，因为幼儿故事具有夸张性、幻想性以及趣味性等特点。在幼儿成长时期，幼儿教师讲授一些优秀的幼儿故事不仅能够丰富幼儿的知识与情感，也能在一定的程度上提高他们的道德认知，让幼儿潜移默化地接受教育。

一、幼儿故事的概念

看到"讲故事"三个字，你的脑海中是否会浮现爸爸妈妈给孩子讲故事的温馨画面，或是幼儿教师绘声绘色地为孩子们讲故事的情景呢？爱听故事，是孩子的天性，几乎每个孩子的成长都伴随着故事。在幼儿园中，故事深受3~6岁幼儿的喜爱，成为寓教于乐的重要手段。讲故事是对幼儿进行教育教学的极好形式，同时也是幼儿学习语言、培养语感的极佳方式。通过讲故事，家长和教师可以引导幼儿感受、体验、理解、表达、创造，从而促进其语言表达能力的提升。

故事是一种"听赏性"文学作品，由成人口头讲述，孩子们通过听接受这些口头转述的语言，从而获得成长。故事可以宽泛地涵盖所有故事类作品，可以囊括童话故事、传说故事、神话故事、寓言故事、生活故事等很多叙事性的文学作品。本书所指的"幼儿故事"是指狭义的"故事"概念中，适合3～6岁幼儿欣赏的，题材广泛、主题单纯、情节生动、结构紧凑、叙事为主，语言口语化且篇幅短小，具有感染力、教育意义的，较适合于口头讲述的叙事性文学体裁。

那么，什么是幼儿故事？简单地说，幼儿故事就是幼儿喜欢的故事，又称儿童故事。幼儿故事以其生动的情节、优美的语言、活泼可爱的形象，成为幼儿接触最多而又非常喜爱的一种文学形式。一个好的故事，不仅可以丰富幼儿的知识，使幼儿的心灵和情感受到良好的熏陶，为幼儿的行为、品德提供榜样；同时，儿童故事充满想象和幻想的色彩，幼儿尽可在童话世界里自由翱翔，这对触动幼儿思维灵感，促进幼儿想象力、创造力的发展具有不可替代的作用。幼儿故事教学是幼儿园教育中的一项重要内容和手段，是幼儿园语言教学的重要组成部分，开展故事教学对于培养幼儿良好的品德、提升幼儿的语言表达能力、丰富扩大幼儿的知识面都具有积极的促进作用。

二、幼儿故事的种类

生动有趣的幼儿故事，催生了幼儿的想象力，让幼儿在感受阅读快乐之余，学知识、学文化，学会做人、做事的道理，形成规则意识；同时促成幼儿良好伙伴关系的建立，培养了幼儿的情商，提升了幼儿的智商。作用如此巨大的幼儿故事，通常包括以下类型。

1. 童话故事

童话故事是一种带有幻想色彩的虚构故事，通过象征、拟人、夸张的语言表现形式塑造形象并表现生活，借幻想创造出在现实生活中并不存在却又与生活有密切联系的生活场景。如《白雪公主》。

2. 幼儿民间故事

幼儿民间故事是根据幼儿教育的要求，将人民群众口头流传的反映劳动人民的思想感情和聪明才智等方面的故事整理加工而成。如《人参娃娃》。

这类故事有鲜明的民族性，如普遍采用对照法、反复法、三段法等传统手法。此外，这类故事通常结构完整，有着比较固定的习惯用语，如"从前""很久很久以前"等。

3. 幼儿历史故事

幼儿历史故事是以历史上有意义的事件为题材的幼儿故事，包括历史人物故事和历史事件故事。这类故事要求尊重史实，不能随意虚构，但在一定历史资料的基础上，可作必要的提炼加工，同时要尽可能生动有趣，浅显易懂。如《鲁班的故事》《曹冲称象》等，以介绍人物为主的幼儿故事，表现这些人物非凡的聪明才智、高尚的思想品德或执着的奋斗精神。又如《草船借箭》等，介绍某个时期的军事、政治事件。

4. 幼儿生活故事

幼儿生活故事是幼儿故事的一个大类。它直接取材于幼儿现实生活，以现实的幼儿为主要人物，以幼儿的日常生活、活动为题材，大多反映幼儿身边发生的事，有着浓厚的生活气息和幼儿情趣。这种幼儿故事出现时间较晚，但数量最多，发展最快，影响也较大。如《瓜瓜吃瓜》。

5. 幼儿动物故事

幼儿动物故事是指主要以动物为主人公的故事，即通过描写动物的生活、活动以及动物间的相互关系，富有趣味地讲述各种动物的习性、特征、与人类的交往，并间接反映人类的生活面貌。这种故事又可以分为三种：一是以动物为主角，通过讲述动物之间的矛盾和纠葛侧重表现某些社会现象，反映出一般世态人情和人与人之间的关系，富有浓厚的生活情趣；二是动物寓言，即将哲理或教训包含在以动物为主角的故事中，给人们以启示，达到教化的目的；三是通过生动有趣的幻想情节解释和说明动物具有的习性、特点等，帮助幼儿增长知识。如《爱笑的小蚕豆》。

6. 幼儿图画故事

幼儿图画故事是一种以连续的画面来表达一个完整情节的故事形式，其直观的形式、富有趣味的表达方式深受各年龄段的儿童，尤其是幼儿的喜爱。依据图画的篇幅可以分为单幅图画故事、多幅图画故事和系列图画故事；也可以依据图画故事的形式，分为无文图画故事和有文图画故事。除此之外，还可以分为连环画故事和卡通画故事。现在常见的绘本故事就属于图画故事。这种幼儿故事图文结合，与幼儿的心理特点相契合，使得幼儿独立阅读图画故事书成为可能。幼儿在阅读的过程中，通过观察、想象、探究、理解、情感表达等，不断丰富知识和经验，不断生成新的意义，获得认知能力的提升，完成知识的建构。如《兔子彼得》。

三、幼儿故事对幼儿成长的影响

1. 可以激起幼儿学习知识的兴趣与创造欲望

幼儿园开设幼儿故事教育课程后，教师除了可以将幼儿故事讲述出来，还可以用图画的形式将幼儿故事充分展现出来，引导幼儿在观察、倾听、理解中认识这种艺术形式，获得相应的社会及科学知识。实践证明，幼儿欣赏幼儿故事，不但有助于激发他们对科学的兴趣，而且能有效引发幼儿的科学幻想，提高他们的创造欲望。

例如我们非常熟悉的幼儿故事《没有牙齿的大老虎》，让幼儿学会了如何保护牙齿的健康知识；故事《圆圆和方方》，让幼儿准确地认识了圆形和方形。教师讲述幼儿故事不仅能激起幼儿学习知识的兴趣，而且能激发幼儿创造的欲望。

2. 可以提高幼儿的道德认知

幼儿故事是对幼儿进行基本的道德教育的好教材。在幼儿故事的主人公中，有的是嘲讽与批判的对象，如爱说谎言的狐狸、凶狠的巫婆、懒惰的寒号鸟等；有的是赞美与歌颂的对象，如善良的白雪公主、机智的小白兔、勤劳的水牛等。

而幼儿故事的主题往往是弘扬正义、积极向上的。英国幼儿故事《金河王》颂扬了助人为乐的好思想。故事《万里寻母记》写了马尔可和妈妈的母子之爱，体现出马尔可对妈妈的热爱以及他的顽强、勇敢。一部部幼儿故事让幼儿懂得了善与恶、是与非、好与坏，应该怎样做，不应该怎样做；让幼儿在欣赏故事的同时掌握了初步的道德原则，提高了道德认知。

3. 可以培养幼儿的集体主义观念

集体主义精神是促使个体成长、促进社会发展的必要条件，只有形成了良好的集体主义观念，才能有效克服个人主义。因此，有专家将集体主义精神誉为"人的第一品质"。但是，现代社会中的幼儿大多是独生子女，来自家长的溺爱容易导致幼儿自私自利、唯我独尊的不良心理状态；社会上部分人对张扬个性的不适当解读也在一定程度上影响了幼儿的心理发展，很多幼儿表现出不合群、集体意识薄弱等现象，这些都不利于幼儿未来的成长与发展。利用幼儿故事弘扬集体主义精神，能有效克服幼儿的不良心理。

　　例如，《为妈妈报仇》《水推长城》等童话故事，发挥了正面的"镜像"功能，在无形中给幼儿渗透了精神教育，让幼儿体会到团结合作的重要意义，增强了幼儿的社会责任感和集体荣誉感。

知识拓展

幼儿故事赏析

三只小猪上幼儿园

　　牧场里开满了花朵，蜜蜂嗡嗡地飞来飞去。就在这个时候，三只小猪木木、花花、嗡嗡出生啦。

　　三只小猪每天在牧场里跑来跑去，调皮捣蛋。三只小猪也想帮忙做家务事，但是你看，就是这样子！

　　猪妈妈和猪爸爸商量道："送孩子们到幼儿园去吧，怎么样？"

　　"嗯——"猪爸爸说，"那样也好！"

　　第二天早上，木木、花花、嗡嗡就跟着妈妈到小猪幼儿园去了。

　　"哇，这么多小猪呀！"三只小猪被吓了一跳。

　　来，大家先来打个招呼。

　　"老师早！"

　　"小朋友早！"

　　忽然，木木大声哭了起来："妈妈不见啦！"于是，花花和嗡嗡也跟着哭了起来："妈妈——"

　　小朋友们很开心地做体操，三只小猪却一直向着牧场那边看。

"嘟——"老师吹起了哨子。"木木、花花、嗡嗡，来！跟大家一起来赛跑，要摸一下白杨树，才能跑回来喔！看看谁能跑第一！"

"来！站在我旁边。""排在这里。""这儿有空位呢！"小猪们排好了队。

"预备——跑！"真快！真快！三只小猪都跑得好快。大家都休息了。看！三只小猪又精神抖擞地跑了一圈。

放学了，妈妈来接三只小猪啦。

"老师，再见！小朋友，再见！"

三只小猪告诉老师和朋友们："我们明天还来玩，我们喜欢上幼儿园了。"

木木、花花和嗡嗡，三只小猪一路赛跑回牧场去了。

赏析

《三只小猪上幼儿园》是结合幼儿的实际情况展开的。它以三只小猪因被妈妈带到幼儿园而产生的情绪变化为线索展开，它带领着幼儿逐渐认识集体，走入集体生活，并渐渐地喜欢集体生活。此外，在活动中渗透了礼貌用语，如"老师早""老师再见"等，培养幼儿能在日常生活中使用一些常用礼貌用语，锻炼幼儿的语言能力。

主题2　幼儿故事具有哪些特征

导语

　　幼儿故事是叙事性文学体裁，适合于3~6岁幼儿欣赏，题材广泛，主题单纯；情节生动，结构紧凑；叙事为主，语言口语化；篇幅短小，具有感染力、教育意义，较适合于口头讲述。幼儿故事具有幻想性、夸张性和趣味性等特征。

一、幼儿故事具有幻想性

　　幼儿故事最基本的特点就是具有幻想性。幼儿故事是一门幻想艺术，可以通过特殊的艺术手段来反映生活。换句话说，幼儿故事中经常会塑造出一些生活中不存在的虚拟形象，这些形象可以揭示现实生活中的某些问题，具有一定的象征性。

　　如幼儿故事《神笔马良》主要讲述了一位非常喜欢画画的穷孩子马良，他拥有一支神笔，而这支神笔只要画什么马上就会变成什么。类似这样的事情在我们现实生活中根本不可能发生，它仅仅是一种幻想，但是这种幻想基本上都是对现实生活中的一种折射。这种幻想性有利于启发他们无拘无束地进行联想和想象，发展再造想象和创造想象；想象力是创造的前奏，想象愈丰富，创造力愈强；幼儿想象力的发展对于他们长大后在学习和劳动中创造性地发挥有很重要的意义。

二、幼儿故事具有夸张性

幼儿故事另外一个特点就是具有夸张性，故事中常常会使用一些夸张的手段，虽然夸张但能够遵循事理逻辑来展开离奇的情节。幼儿故事与一些文学作品相比，它的夸张手法更全面而深刻，因此，幼儿故事的夸张性使得故事中出现的人与物变得更加异常。

例如，幼儿故事《皇帝的新装》主要讲述了一个皇帝酷爱穿新衣服，每过几个小时就要换一套新的衣服。因此，有两个骗子谎称能做出只有聪明的人才能看得见的衣服，于是这个皇帝花了许多的钱请他们来织布做衣。衣服做好之后，皇帝脱下了他所有的衣服，穿上那件"柔软得像蜘蛛网"的衣服沿街游行。结果，所有的人都看见了一个赤身裸体的皇帝。由此可见，幼儿故事中的人物性格以及各种情节等，都可以夸张到极点。幼儿故事中这种夸张的手法不仅可以给予幼儿以鲜明而深刻的印象，也能在一定程度上让故事更具有趣味性与生动性，让幼儿获得快乐。

三、幼儿故事具有趣味性

对儿童说来，他们听故事仅仅是为了得到快乐，因此，一个好的幼儿故事，不仅要有鲜明的主题、生动的人物和一波三折的情节，还应当有浓郁的儿童情趣，让小朋友听了以后，发出亲切的笑声，感到愉快。那么，趣味从何而来呢？故事是以它们人情物性兼具的拟人形象、动物生活的趣闻让孩子感到新鲜有趣，幼儿故事的趣味则是来自幼儿那充满情趣的生活。

例如，方轶群的《多多没吃巧克力》讲述了这样一个故事：宝宝在奶奶家玩时，无意中发现了奶奶口袋里的毛毛姐姐的巧克力。宝宝顿时高兴得两只眼睛直放光。在小家伙的争取下，奶奶答应他先吃，接着再去超市买一个给姐姐。没想到，奶奶忘记买了。结果宝宝把没吃完的巧克力放在桌子上，被巧克力的主人——毛毛放学后发现了。毛毛哭了，多多笑了。正在这时，毛毛的妈妈——四姑姑来了，把毛毛说了一顿，理由是姐姐要让着弟弟。毛毛更委屈了。最后，宝宝和奶奶一起高兴地去给毛毛姐姐买了巧克力。

　　这个故事体现了幼儿故事的鲜明特点，即现实性、针对性，生动的故事性和浓郁的趣味性。因此，这种故事可以让幼儿产生亲切感，能比较直接地引导幼儿对照自己的思想和行为，引导他们认识和思考自己的生活。

知识拓展

幼儿故事赏析

小猴卖"○"

　　小猴是儿童百货店的售货员，它很会动脑筋。

　　一天，来了五个伙伴，手里都拿着一张纸片，纸片上画着个"○"。"咦，这'○'是什么意思？"小猴摸摸脑袋，有办法了！它问小鸭："你买圆圈圈干什么呀？""我要用它学游泳。""知道了。"小猴拿了个"○"给小鸭，小鸭高兴地走了。

　　"你呢，小猫，为什么买圆圈圈？"小猫说："我想用它照着洗脸、梳头。""知道了。"小猴拿了个"○"卖给了小猫，小猫照了照，满意地走了。

　　"小狗，你买圆圈圈有什么用？"小狗举起铁钩子说："我就缺个圈圈啦！"小猴很快就把一只"○"卖给小狗。

"小老虎，你也要圆圈圈吗？""是呀，你瞧，我新球鞋也有了，正等着圆圈圈踢呢。"小猴拿出一个"○"丢给了小老虎，小老虎高兴地付了钱。

最后轮到小兔，小兔说："妈妈讲，明天早晨，让我用圆圈圈当早点。""噢，是这样。"小猴用一只干净的口袋，装了几块"○"，递给小兔，小兔也高兴地回家了。

五个小伙伴都买到了自己需要的"○"，你知道它们的"○"各是什么东西吗？

赏析

故事《小猴卖"○"》，小动物用简洁生动的语言描述想购买的"○"，最终大家都买到了各自满意的物品。故事采用反复式的语言结构来串联故事情节，类似情节一而再、再而三地出现，但每次反复的内容不相同。故事中的语言描述非常具体，展现了"圆"形物体对不同动物的不同用处。故事中大量描述性的语言引导幼儿从不同的视角去观察、了解周围世界，建立和生活中常见物品的链接，获取新知。

主题3　如何利用幼儿故事发挥教育的作用

导语

　　生动的故事讲述，让幼儿深深为之吸引，他们在故事中学习知识、发展智力、认知道理，并从中受到感染和教育。从故事中幼儿懂得什么是真善美、什么是假丑恶，从而培养爱憎分明的情感，并付诸于行动中。无论是教师还是家长，都理应把握好时机，在故事中培养幼儿各方面的能力与良好的品质。

一、用故事引领幼儿成长

1. 促进幼儿学习语言

　　故事是一种语言，是一种情感，孩子的童年离不开故事，情节生动感人的故事往往能给孩子带来无穷的欢乐和启示。故事是幼儿学习语言的一种重要途径，故事在孩子语言学习中起着举足轻重的作用。故事的语言生动形象，易于幼儿理解和接受。在故事中，幼儿学习大量新的词汇并运用到日常生活中，有利于孩子连贯性语言的发展。幼儿听故事后，不由自主地将故事讲述出来，模仿故事中优美的词语、句式、段落，并且进行表演，帮助幼儿掌握多种语言知识和技能。听故事并练习讲述，不仅能校准发音，而且能提升语言表达能力，对幼儿学习语言大有裨益。每一位幼儿教师都应该成为讲故事高手，通过故事教育，引领孩子健康成长。

讲述故事时，可以让幼儿先动脑筋猜一猜，然后随着故事的展开公布答案，孩子们会在一次次猜对的成功体验中进一步加深认识（如生活用品的特点、外形和作用等），提升其语言表达能力。

故事《小蝌蚪找妈妈》，通过小蝌蚪找妈妈的情节，让幼儿在轻松愉悦中了解小蝌蚪变成青蛙的过程。形象的语言描述让幼儿认识了一个个水中可爱的小动物形象。类似"大鱼有两只大眼睛，嘴巴又宽又大"与"青蛙有两只大眼睛，嘴巴又宽又大，四条腿走起路来一蹦一跳的，白白的肚皮绿衣裳，唱起歌来呱呱呱"这样的语言描述具体而形象，让孩子们很容易和小动物建立感情连接，打下科学基础。故事中大量的礼貌用语，让孩子们便于模仿学习，应用在日常交往中。

2. 促进幼儿探索求知

孩子们总是充满好奇，总是喜欢问"为什么"。幼儿故事广泛而丰富的取材刚好满足孩子们的求知欲和探索欲。我们可以通过故事让幼儿感受现实生活中的奇妙和美好，引导幼儿自己去感知、去思考、去探究、去验证。随着他们视野不断开阔，所得到的印象也比成人直接告知来得更深刻，意义也更深远。

故事《方脸兔子过生日》，方脸兔子在邀请朋友过生日的宴会中，通过图形找到被邀请的客人，再分别从礼物盒子的形状来匹配是谁送的礼物。这篇故事充满寻找的乐趣，能激发孩子探索的欲望。随着故事情节一点点展开，孩子们也找到了自己的答案，满足了孩子们的探索求知。在讲述故事的过程中，配合图片观察，孩子们掌握了图形、颜色、数量和大小等知识，训练了幼儿考虑问题不拘泥于一种角度的发散思维能力。

故事《三个朋友》，讲述了戴眼镜的脑教授、穿裙子的心小姐和胖乎乎的肚子先生三个朋友之间的故事。随着近年来"身心灵"的主题持续大热，生命背后的哲学意义也在被越来越多的人挖掘。这也成为了孩子提问最多的话题："人为什么会打嗝？为什么会生病？"对于这些问题，赫姆·海恩用他的方式在故事中做了巧妙的解答。幼儿通过听故事，了解了脑、心、肚子三者各自的职能和用途，让幼儿懂得爱护自己的身体、预防疾病、健康最重要的道理。故事把原本严谨的科学问题用浅显易懂的形式讲述给孩子，在孩子幼小的心灵深处播下一颗种子，从而激发孩子继续探索身体更多的奥秘。

3. 促进幼儿成长

幼儿年龄小，认知水平相对较低，缺乏生活经验，无法判断对错是非。如果成人每天都反反复复用说教的方式对孩子提出各种各样的要求："要好好吃饭，要好好睡觉，要懂礼貌，要讲卫生，要……"孩子们不仅不能很好地理解这些要求的具体指向，有时还会无所适从，甚至产生逆反心理。有时条条大道理，不如区区小故事，孩子的身心发展特点决定了讲故事是一种更容易被接受的教育形式。如果我们尝试将这些要求用讲故事的形式表达出来，你会发现很多"问题"在故事中就能迎刃而解，幼儿也乐于接受。

从一个个精彩的故事中，孩子们初步学会对人、对事、对物、对己的正确态度，孩子们似乎看到了自己的影子，从而领悟到小故事传授的大道理，并愿意学习模仿，自觉养成良好的习惯，内化于心、外化于行。成人用故事引领孩子成长，针对孩子随时发生的情况，把各种道理蕴含在故事之中，通过讲故事的方式，在潜移默化中教育、引导、说服孩子，让孩子们更好地明确自己的要求，反观自己，力争更好，从而继续将好的行为迁移到更多地方。

故事《大公鸡和漏嘴巴》，语言描写亲切自然，贴近生活，字里行间充满了浓郁的儿童情趣和生活气息。它让孩子们通过大公鸡到处去啄小弟弟的饭粒、小弟弟被大公鸡追着跑的有趣场景，懂得吃饭的时候不能东张西望、不要撒饭粒、要爱惜粮食的道理。讲故事比枯燥的说教更容易被幼儿接受。

故事《小熊不刷牙》，小熊为了偷懒，欺骗妈妈不刷牙，后来牙齿全部都没有了，说话跑风、蘑菇咬不动……在听故事时感受小熊说话跑风的幽默对话，让孩子在捧腹中明白一个道理：牙齿每天都要认认真真地刷，否则牙齿都会坏掉，好吃的东西吃不了。这样的事情相信在绝大多数孩子身上都会发生，怎样引导孩子养成良好的生活习惯？通过故事中一个个孩子们喜爱的角色，让孩子们乐意去模仿。在一次次模仿中，孩子们就知道应该怎么去做，以后遇到类似的事情，就可以发挥故事的指向功能。

美国故事家吉姆·科认为："听故事能够打开那些直接教育无法触及的区域，无论成人还是儿童，都可以从故事中找到解决自己问题的稳妥办法。"故事可以引导孩子学习语言、学习知识、学会观察、认识事物、寻求规律，促使孩子们在不断发现问题、解决问题中养成独立思考的好习惯，在成功体验中培养自豪感、建立自信心，在润物细无声中引领孩子成长。

二、用故事稳定幼儿情绪

"促进幼儿身心和谐发展"是所有家长与幼教工作者坚持不懈的教育目标。在幼儿全面发展教育中，故事可以促进幼儿身心健康的全面发展。在故事中，幼儿学习与他人积极交流互动，悦纳自我，理解他人，学会遇到困难寻求帮助，及时倾诉内心想法，用合适的方式宣泄消极情绪。故事可以让幼儿乐观面对生活，充满信心，建立良好的情绪体验，促进幼儿心理健康发展。

1. 具有情感体验功能

幼儿的感情丰富，容易受到感染。好的故事作品可以在潜移默化中传递善与恶、美与丑，引领幼儿在感同身受中，体会愉悦、悲伤、紧张、激动、恐惧、开心、热爱、失望等情绪情感；故事会全方位地贴近孩子，会将孩子自然而然地融入到故事情境之中，产生一种很强的亲和力，引起心灵上的共鸣。

故事《狼和小羊》，小羊怯生生地发抖是那样的恐惧无助，容易激起孩子同情、保护弱者的情感；故事《城里的猫和乡下的猫》，乡下的猫看见什么都惊奇不已，孩子在跟随好奇的乡下猫进行的诙谐幽默之旅中释放心情；故事《瓜瓜吃瓜》，瓜瓜没有吃到又红又甜的大西瓜时的伤心失落，让孩子们在情绪的跌宕起伏中获得丰富的情感体验；故事《李子核》，截取日常生活中一个常见的情景，生活气息浓郁，孩子们在结局部分体会有哭有笑的情感表达，感悟出故事传达的寓意。故事以小见大，没有无趣的说教，寓教育于感悟之中，有利于孩子成长和身心健康。

2. 具有情感宣泄功能

成长中的孩子总会有各种各样的"小麻烦"，孩子们对一些故事百听不厌、百读不倦，让成人有时费解。实际上，孩子们反复体验这些故事的同时，将自己的喜怒哀乐、纯真美好等种种情感也投射或融会在故事里了。这种宣泄和释放给孩子们带来的快乐无与伦比，是他们对难以企及的种种愿望的最大满足。故事满足了成长中的孩子强烈的阅读期待，帮助他们宣泄情感，帮助他们习得智慧，也帮助他们看到了希望。

3. 具有舒缓调节功能

孩子在成长的过程中总会出现一些小烦恼，而故事具体生动，构思巧妙，想象新颖，富于童趣和哲理。在充满童真童趣的文字中，故事不仅带给孩子阅读的乐趣，也能为孩子的心理健康教育提供舒缓和放松的氛围；将孩子成长过程中遇到的问题和烦恼，通过生动有趣的故事情节淋漓尽致地表现出来，从而帮助孩子调节焦虑、紧张情绪，有益于身心健康发展。

故事《魔法亲亲》，小浣熊和妈妈分离后产生了很强的焦虑情绪，妈妈跟他交换了一个留在掌心的吻——"一个魔法亲亲"，缓解了小浣熊思念妈妈的焦虑，小浣熊感受到不管到哪里妈妈的爱都会永远和他在一起。可以说，故事的重要功能之一就是可以丰富幼儿的情感体验，帮助幼儿身心健康发展。

三、用故事拉近彼此之间距离

不同领域的心理学专家不约而同地注意到"听、说故事"的重要性，即幼儿在听故事和说故事中，理解别人、了解自己，并以此认识自我、认识周围的人、认识世界。

1. 构建亲密的师生关系

3~6岁的孩子喜欢听故事，故事为孩子开启智慧之门，教师要善于用故事打开孩子的心灵之窗，引领孩子用发现美的眼睛探寻世界的美好与未知。在故事里，孩子可以一会儿变成淘气的小猴子、可爱的小花猫，一会儿又变成沉稳的老黄牛、庞大的大河马；在故事里，孩子可以力大无穷、"魔法无边"，也可以瞬间变小、躲藏到任何人都找不到的地方；在故事里，孩子可以尽情爽朗地大笑、伤心地哭泣；在故事里，孩子可以尽情地享受角色带给自己的满足，也可以和老师一起听故事、讲故事、表演故事，用自己的理解，用自己的表达，用自己的方式，不受拘束，无忧无虑。在分享故事《大嘴青蛙》时，孩子可以扮演任意角色，教师可以参与其中，一起扮演角色，感受故事带给大家的快乐。在讲故事、表演故事中，幼儿教师要善于走进幼儿世界，在孩子幼小的心灵中注入真善美，使他们内心充满爱的力量；要善于用故事增进彼此感情，建立良好的师生关系。

2. 构建和谐的伙伴关系

大家耳熟能详的故事《萝卜回来了》，讲述了一个寒冷的冬天，小动物们心里总是装着好朋友并将好吃的食物分享给好朋友的故事。他们在彼此诚挚关怀中最终收获了朋友之情。让孩子们从小明白关心他人，自己会变得更加快乐的道理。故事魅力无限，因为在故事里孩子们可以变得更加善良，更加可爱，更加乐于助人；在故事里，孩子们学会关心他人、相互理解、彼此谅解；在故事里，孩子们更加坚强、更加勇敢、更加有力量；在故事里，孩子们更加愿意分享，进而享受亲情和友情……故事中有很多简单易学的道理，故事可以激发孩子在日常生活中关爱身边小伙伴的情感；可以让孩子愿意为小伙伴提供适当的帮助；可以通过具体的行为让小伙伴和自己和好如初，有利于建立亲密的伙伴关系。

3. 构建融洽的亲子关系

孩子的心灵是最纯真的，他们对世界充满了好奇，充满了梦想。

家长在陪伴孩子成长的每一天用什么满足他们的好奇心？用什么使他们的梦想更加绚丽多彩？用什么可以更好地走近他们，建立甜蜜的亲子关系？通过讲故事。用故事可以和孩子一起遨游在奇妙的世界，探索未知；用故事可以解决很多生活中的"难题"，解答孩子无数个"为什么"，树立成人在孩子心目中的形象；用故事可以将孩子拥抱在怀中，在角色模仿、嬉戏玩耍中建立更亲密的关系，增进彼此的情感交流。

故事《什么》，讲述的是奶奶和小孙子之间入睡前的一段甜蜜温馨的时光。奶奶和小孙子的一问一答，一件件睡前需要的物品在奶奶灵巧的双手中一一呈现，生活的气息和浓浓的亲情也随之扑面而来。这样的故事真是百听不厌，久久回味。故事是人类呈现给孩子最美好的礼物，也是呈现给成人最美好的童年回忆。成人用故事陪伴孩子的成长，让家人围坐，口耳相传，一问一答，这样温暖愉悦的场景会永远定格在每一个孩子心中。

知识拓展

幼儿故事赏析

小猪变干净了

有一只小猪，它长着圆圆的脑袋、大大的耳朵、小小的眼睛、翘翘的鼻子、胖乎乎的身体，真有趣！可它就是不爱清洁。它常常到垃圾堆旁边找东西吃，吃饱了就在泥坑里滚来滚去，滚得身上都是泥浆。

一天，小猪想去找朋友玩。它一面走，一面"哼哼哼、哼哼哼"地叫着。小猪走着走着，看见前面有只小白兔，它长着长长的耳朵、短短的尾巴、红红的眼睛、白白的毛，真好看！小猪高兴地叫："小白兔，我和你一块儿玩，好吗？"小白兔回头一看，原来是小猪，就说："哟！是小猪，看看你多脏啊！快去洗洗吧，洗干净了我再和你玩。"小猪不愿意洗澡，只好走开了。

它走着走着，走到草地上，碰到一只小白鹅。小白鹅，真美丽，红红的帽子，白白的羽毛。小猪高兴地说："小白鹅，我和你一块儿玩，好吗？"小白鹅说："哟！是小猪，看看你多脏啊！快去洗洗吧，洗干净了我再和你玩。"小猪看了看自己的身上，可不，满身是泥浆，泥水还在"滴答、滴答"地往下滴呢！小白鹅又说："走，我带你到河边去洗个澡吧！"小猪跟着小白鹅来到小河边，小白鹅"扑通"跳进河里，用清清的水泼呀泼，泼在小猪的脸上、身上。小猪用清清的水洗呀洗，洗得干干净净的。小白鹅高兴地说："小猪变干净了，我们一起玩吧！"小白兔看见小猪变干净了，也来跟它玩。小猪和朋友们玩得可高兴啦！

赏析

　　故事《小猪变干净了》适合为小班幼儿讲述。故事活泼灵动、生动有趣，讲述了小猪不爱清洁，全身都是泥浆，到处找不到朋友，后来在小白鹅的帮助下不仅变干净了而且找到朋友的过程。告诉孩子们要讲卫生、爱清洁，才会受到小伙伴的认可和喜爱的道理。故事情节单一，首尾呼应；内容单纯浅显，生动有趣；篇幅较短，完整连贯；语言活泼，简洁明快；适合小班幼儿听赏。

专题二

讲好幼儿故事前期的准备工作

幼儿教师的口语能力不可忽视，尤其是在能够绘声绘色、声情并茂地讲述故事这方面，更为关键。准备工作一定要做好，只有深入透彻地理解，才能精彩地传情达意。在讲故事之前，进行内容筛选、情节梳理和适度创编，可以帮助讲述者在讲故事时锦上添花，达到意想不到的效果。

主题1 讲好幼儿故事前期的选材

导语

讲故事前，精心挑选适合孩子听的故事，非常重要。幼儿接受文学作品主要靠"听"这种方式，因此讲故事给幼儿听是一种寓教于乐的方式。幼儿的年龄特征决定了他们喜欢紧张激烈的故事情节，喜欢看有大幅度、较夸张的动作的表演。选择的故事要符合幼儿的生活经验、年龄特点、兴趣爱好和心理特点，符合幼儿实际认知水平，教师要以幼儿的眼光去选择故事。

一、从故事的教育价值入手进行选材

故事是一种深受幼儿喜欢的文学形式，教师一般通过欣赏、分析和讲述等教学模式，让幼儿掌握一定的词汇，接受文学的熏陶和品德教育。同时，故事也是一种催化剂，能提高教学效果，促进教学活动的顺利开展。因此，幼儿教师首先就要依据故事的教育价值选择故事。

1. 塑造幼儿的道德和价值观的故事

所谓能塑造幼儿的道德和价值观的且具有鲜明的思想性和教育性的故事，就是指那些有利于幼儿身心健康的故事。这些故事的思想感情要积极健康，具有"真善美"的内涵，能对幼儿的健康成长发挥助力。

幼儿教师要认识到，幼儿故事由于情节生动、语言活泼，容易感知和吸收，因此在幼儿教育中，一些有关"真善美"故事的讲述，可以让幼儿教育达到事半功倍的效果。这类主题在寓言、神话、童话、民间故事等题材中都可以发现。

某教师针对热爱劳动、团结友爱的主题，以《三只小猪》的故事为教学内容，对幼儿进行教育。在教师绘声绘色地讲述中，幼儿知道了大哥"懒懒"盖草屋，二哥"凑合"盖木屋，第三只小猪"聪聪"盖了砖屋。最后，"懒懒"和"凑合"的房子被大灰狼撞倒了，只有不嫌麻烦的"聪聪"的砖屋没有被大灰狼撞倒，"聪聪"利用自己的智慧战胜了大灰狼。这样的故事，让幼儿感受到小猪"聪聪"的机智勇敢，让他们明白：做事要不怕麻烦，遇到困难和问题只要动脑筋想办法，就一定都能解决。

这样的故事向幼儿传递了勇敢、正义、同情、诚信、尊重等核心伦理价值，是一种形象而具体的道德教育。教师可以围绕这样的主题，结合幼儿教育，广泛选择故事文本。选择时要注意，主题必须具有正确的导向，具备一定的道德教育意义，以便给幼儿提供学习的机会和榜样。

2. 引导幼儿了解社会、认识生活的故事

幼儿故事取材广泛，情节生动，角色鲜明，语言通俗易懂，顺应了幼儿好奇、爱幻想等心理。因此，在选择故事时，教师要清楚的是，故事本身对幼儿具有很大的吸引力，因此除了进行品德教育，还可以借助故事提供的虚拟世界，让故事跨越时空的界限，成为幼儿学习的丰富的知识来源。因此，要选择能帮助幼儿了解社会、认识生活这一主题的内容，引导幼儿在故事中获得有关社会、语言、科学、健康、艺术等各方面的知识和技能，以满足幼儿各方面发展的需要。

　　某幼儿教师，为了让幼儿懂得不要轻信陌生人的道理，选择了《小红帽》这一故事，希望借助讲故事，让幼儿明白这个道理。于是在幼儿教师生动的讲述中，幼儿认识了活泼的小红帽、慈爱的外婆、可怕的大灰狼和乐于助人的猎人。在小红帽上当时，幼儿为她担心；在猎人杀死大灰狼时，幼儿为之欢呼……就这样，在生动的故事中，"安全"这一主题嵌入幼儿的内心，"不跟陌生人走"这一基本生活常识无须生硬说教就被幼儿牢牢地记住了。

　　此外，幼儿教师还可以细化主题，比如品德教育主题，可以细分为乐于助人、体谅他人、勇敢、正义、尊重等；社会生活主题，还可以拆分为环保、交友、求助等。针对不同的主题，选择相应的故事，讲故事时自然中心突出，就能更好发挥教育和引导的作用。

　　最后要强调的是，幼儿教育中关于"真善美"的教育，要注意并非是强调那种强烈的非此即彼的正反面对抗，而是要注重对幼儿基础价值观的建立，诸如友爱、分享、公平和尊重个人选择等积极的情感和品行的教育。

二、从幼儿年龄入手进行选材

　　故事是一座桥梁，架起了幼儿与外界的联系。故事的主题是创作者想要传递给读者的一些主要思想。与成人相比，幼儿有着独特的认知特点与规律，因此，他们看待事物的方式与角度往往令人感到惊奇。这就要求幼儿教师在讲故事时，前提是情节有趣、形象生动，可以吸引幼儿，同时注意叙事方式和表现手法应符合幼儿的思维特点，语言浅显、朗朗上口，适合不同年龄阶段的幼儿。简言之，幼儿教师在选择故事时，还要注意从幼儿的年龄入手。

1. 小班幼儿的故事选择

小班幼儿年龄在2~3岁之间，他们的语言能力有了更大的进步，但是理解力和记忆力发展得还不是很好，因此，要注意选择内容单纯、情节简单、形象生动且多带重复性语句的故事。

老公公去拔萝卜。他拉住萝卜的叶子，"嗨哟，嗨哟"拔呀拔，拔不动。

老公公喊："老婆婆，老婆婆，快来帮忙拔萝卜！"

"哎！来了，来了。"

老婆婆拉着老公公，老公公拉着萝卜叶子，一起拔萝卜。

"嗨哟，嗨哟"拔呀拔，还是拔不动。

老婆婆喊："小姑娘，小姑娘，快来帮忙拔萝卜！"

"哎！来了，来了。"

小姑娘拉着老婆婆，老婆婆拉着老公公，老公公拉着萝卜叶子，一起拔萝卜。

"嗨哟，嗨哟"拔呀拔，还是拔不动。

小姑娘喊："小老鼠，小老鼠，快来帮忙拔萝卜！"

"哎！来了，来了。"

小老鼠拉着小姑娘，小姑娘拉着老婆婆，老婆婆拉着老公公，老公公拉着萝卜叶子，一起拔萝卜。

"嗨哟，嗨哟"拔呀拔，终于把萝卜拔出来了。

故事中，萝卜长得太大了，老公公没办法独自拔起来，所以一个接一个地请了老婆婆、小姑娘，最后还请了小老鼠，大家合力才把大萝卜拔起来。这个故事情节简单，朗朗上口，很有趣味，有多处反复，特别适合小班幼儿听读。在讲故事的同时，教师还可以带着幼儿进行简单地表演，或者让幼儿唱歌，这样将讲、唱、表演结合在一起，可以收到较好的教学效果。

2. 中班幼儿的故事选择

中班幼儿的年龄在4~5岁之间，他们的注意力逐渐增强，处于创造力发展的黄金时期，充满想象力，并且能够通过实物来发挥自己的想象。因此，教师可以有意识地选择一些中外经典童话故事，一些自然界里的故事，一些神话故事、民间传说故事等。尤其是一些民间传说故事，往往会将惩恶扬善的思想植入幼儿的内心，这对幼儿来说是非常有意义的。幼儿往往通过这类故事学会怎样分辨是非。

在一座枝叶茂密、绿树成荫的森林里，住着一群小动物，它们过着无忧无虑的生活。

有一只小狐狸非常调皮，而且还经常搞恶作剧。它会趁着胆小的小白兔散步的时候，突然从树丛后面跳出来，把小白兔吓一大跳；或者在小象去河边喝水的时候，抢先一步跑到河边，把河水搅浑，小象只能看着河水叹气。渐渐地，小动物们都不愿意跟小狐狸交朋友。

有一天，小狐狸生病了，它请鸽子帮忙请医生来看病。鸽子点点头，心想，这肯定又是一个恶作剧，不用管它，便呼朋引伴地飞走了。小狐狸的病越来越严重了，它感到非常孤单。但是，没有一个朋友来看它。于是，它就跑到河边，坐在石头上，一边伤心地哭，一边抱怨没有朋友关心自己。小狐狸正哭得伤心，一只小狗刚好路过，就对小狐狸说："只要你诚心诚意地改正错误，不再作弄别人，大家一定会原谅你、关心你的！"于是，小狐狸就去找小白兔道歉，小白兔看看它，不相信。小狐狸又去找小象道歉，小象完全不理它。小狐狸又去请教小狗，小狗说："你只要用诚恳的态度去帮助别人，别人自然会被你感动的。""哦，原来是这样，谢谢你，小狗。"小狐狸恍然大悟。

从此以后，小狐狸经常帮助小动物们。小动物们也越来越喜欢小狐狸，小狐狸有了很多朋友，过起了快乐的生活。

这是《调皮的小狐狸》的主要内容。在这个故事中，小狐狸因为调皮，经常搞恶作剧，导致其他小动物都远离它。结果当它生病的时候，大家都认为它在欺骗、作弄人，所以没人愿意关心它、帮助它。最后，小狐狸认识并改正了自己的错误，以真诚的态度帮助他人，它终于收获了友谊，并感受到了生活的快乐。这个故事让幼儿明白：态度真诚才能收获朋友，交朋友是以真心换真心的过程，所以真心必不可少。这个故事为中班幼儿培养正确的道德观、学会与人相处、逐步社会化，提供了极好的借鉴，因此适合这一年龄段的幼儿听读。

3. 大班幼儿的故事选择

大班幼儿年龄介于5~6岁之间，他们开始喜欢一些情节相对复杂、篇幅相对长的故事，尤其喜欢更有挑战性的故事，而且人物之间的矛盾冲突最好激烈一些。同时，这一年龄段的幼儿正处在从读图到读文字的过渡期，早期应该以读图画为主，后期可以选择文字相对多一些的故事。为此，教师可以选择那些故事主题更丰富、内涵更深刻一些的，或者具有一定科学性和知识性的故事，比如科普故事。

小熊喜欢在花丛中玩耍，因为花丛中有很多的蝴蝶朋友。小熊最喜欢和她们玩耍了。蝴蝶不仅漂亮，而且还非常可爱。所以，小熊有事没事就会去花丛中和蝴蝶玩耍。

一天上午，小熊在花丛中和蝴蝶玩耍，忽然，一个熟悉的声音从空中传来："小熊，小熊，快去看哪，石头在水上跳舞呢！"循声望去，小熊看到是他的好朋友小鹦鹉在叫他。小熊说："别开玩笑了！石头那么重，一扔到水中就会沉入河底，怎么能在水上跳舞呢！"

"谁跟你开玩笑！"小鹦鹉很认真地说，"你去看看就知道了。一个人在水边玩石头，他就那么一扔，石头就跳着舞从河的这边到那边去了！"听小鹦鹉这么一说，小熊也感到好奇，于是对小鹦鹉说："那你带我去看看吧！"

小鹦鹉在天上飞，小熊向着小鹦鹉飞去的方向走去。没过多久，他们便来到了河边。小熊担心自己的出现会把小男孩吓跑，便在一处茂密的灌木丛中藏了起来。小鹦鹉则落在了灌木上。透过灌木的缝隙，小熊看到一个小男孩正在河边扔着石头玩呢。只见他从河边捡起一块巴掌大的石头，然后向河里一扔，石头便飞也似的擦着河面跳到对岸去了。

"咦，好奇怪啊！石头真的在水上跳舞呢！"小熊对小鹦鹉说，"是不是这里的石头比较轻，才能在水上跳舞的呢？""谁知道是怎么回事呢！"小鹦鹉说，"我只见过树叶和树枝在水上漂，还从未见过石头可以在水上跳舞呢！""哈哈，是挺好玩的！"小熊说，"我也扔块石头试试！"说完，小熊走出灌木丛，向小河边走去，小鹦鹉也跟着向河边飞去。

这是故事《在水面跳舞的石头》。故事借小熊和好朋友小鹦鹉看到的小男孩扔石头的现象，引发幼儿思考：同样的石头，为什么有的可以在水面上跳舞，有的却不能？进而促进幼儿思考，明白其中的科学道理。这样的故事适合大班幼儿的思维发展，因此适合讲给大班幼儿听。

总之，幼儿的年龄越小，所选择的故事就应该越接近现实生活。

幼儿教师要充分利用幼儿现有的知识和经验，让所选择的故事与幼儿之间有一个合适的距离，这样才能真正地吸引幼儿，潜移默化地影响幼儿，让故事发挥出更大的作用。

知识拓展

幼儿故事赏析

小乌龟找朋友

一只小乌龟，它想去找朋友玩。它爬呀爬呀，爬到一块大石头上，看见一只小白兔。它问："我可以和你玩吗？"小白兔说："你没有长长的耳朵，我才不要跟你玩。"

小乌龟又爬呀爬，遇见了一只刺猬。它问刺猬："我可以和你玩吗？"小刺猬说："你的身上又没有刺，我才不要跟你玩。"

小乌龟爬呀爬呀，遇见一条蛇。它问："我可以和你玩吗？"小蛇说："你没有长长的舌头，我才不要和你玩。"

小乌龟很失望，只好又爬呀爬，看到一只猴子。它问："我可以和你玩吗？"猴子说："你又不会爬树，我才不要和你玩。"小乌龟失望地说："好吧！再见！"

小乌龟一边爬一边想："对了！我可以变身，像它们一样啊！"它学小白兔，把两片长长的叶子插在头上，把一堆筷子粘在身上假装是刺猬，再学小蛇，把一截绳子咬在嘴里当舌头。然后，它模仿猴子，辛辛苦苦地爬到树上，大叫："谁要和我做朋友？"

砰！小乌龟重重地摔下来了！哎哟喂！它伤心地说："我怎么这么笨呢？"

这时候，一个小男孩蹲下来看着它，说："咦？你是谁？不像兔子，也不像刺猬。"小乌龟一听，立刻把叶子、筷子、绳子全部拆下来。小男孩睁大眼睛说："哇，好可爱的小乌龟！我可以和你玩吗？"

乌龟愣住了，它不敢相信，真的有人要和它玩呢！

赏析

小乌龟在现实生活中就是那个眼神中藏着渴望、希望能被别人发现认可、拥有很多很多好朋友的小家伙儿，是不是很熟悉？小乌龟失望的神情和渴望友谊的心理，让自己变得不再是自己，辛辛苦苦又非常痛苦，它想尽办法最后还是从树上重重地跌落。最后遇见一个小男孩，非常喜欢它。故事在惊喜中结束，给成长中的、与朋友交往中的孩子以战胜烦恼、挫折与失败的力量。优秀的故事作品，都是在表面看起来很浅显的故事里，蕴含着深刻的人生哲理，给孩子一种精神启示，浸满了浓浓的情感。

主题2　讲好幼儿故事前期的分析

导语

　　选择好适宜幼儿的故事后，讲述者要熟悉故事的内容，着重对故事的主题、内容、情节、角色、词句等方面进行细致分析。故事是幼儿阶段接触较多的文学作品之一，幼儿故事有单纯、完整的情节。讲述故事前，要分析情节发展变化趋势——高潮部分、低谷部分、转折部分、回合部分等，这样才能在讲述故事时，收放自如，游刃有余，准确把握故事高潮，引人入胜。

一、分析故事主题及情节

　　故事材料选好后，就要熟悉故事中的主题、情节，要弄清贯穿情节的线索，分析事件的来龙去脉，把握事情发生发展的高潮和结局等方面。同时通过分析主题和情节，确立讲故事的感情基调，对于一波三折、情节变化较大的故事，尽可以在脑海中绘制情节运营图，寻找故事的高潮、形象表现、情节走向。

　　例如美国儿童故事《绿色的史蒂文》，这则小故事基本秉承传统故事的叙事风格，各情节单元组合环环相连：史蒂文只吃绿果冻—变成绿小孩—到医院诊治—变回常人的颜色。尽管它总的叙事方式出奇的简单，但并不排斥其内部结构的奇思妙想。

　　因此，在讲述故事前应多洞悉作者的创作思路，在情节架构上，怎样合理安排叙事结构，怎样有意识地控制叙事的详略疏密，从中感受由故事带来的审美愉悦，更有利于故事的讲述。

二、分析不同人物形象

在讲述故事时，人物的语言和动作、表情要力求自然、客观，要能表达出作者的褒贬。因此要对儿童故事中的人物进行准确的分析和想象，运用富有性格特点的语气语调、特殊的音色以及迥然各异的表情与动作，来强调人物的个性，揭示人物复杂、细微的心理活动，使人物"活"起来。

例如，表现大象、狮子和老虎等形体大的动物或老树等植物，声音可以粗犷、雄浑些；表现小白兔、小松鼠等小动物或小草等植物，声音则要纤细、稚嫩些。

故事《猜猜我有多爱你》，描写了两只兔子之间深厚的爱，故事基调应该是美好的、愉悦的、欢欣的。因此在故事讲述中，讲述者要有意创设爱的氛围，语气、语调、语速要让孩子跟随故事情节发展，使其得到爱的感染和熏陶。让孩子在故事对话中，体会两只兔子似母（父）子之间甜蜜之爱、似家人之间温暖之爱、似朋友之间陪伴之爱。故事在爱的基调中，潜移默化地熏陶孩子，提升孩子的审美能力，给孩子以心灵滋养。

三、分析故事语言特点

听故事是幼儿获取知识、启迪心智、道德感形成、心理成长的重要途径。讲述者要对故事中主要的人物、主要的事件分析出作品的立意所在，要考虑将故事与幼儿最关心、感兴趣的话题结合，让故事中的"角色"先在讲述者心中活起来，讲述时才能更加淋漓尽致地发挥。

故事讲述者要分析故事语言特点，是否多使用了短句、比喻句，是否运用了象声词、叠音词，是否多采用了动作神态描写，将故事中角色的形象、动作、神态都鲜明而具体地凸显出来。讲述前对故事作品语言特点的分析，会为进一步将故事进行趣味改编做好基础工作。

例如：故事《大公鸡和漏嘴巴》，生动有趣，讲述的是一个小弟弟吃饭撒饭粒、被大公鸡追得到处躲的趣味十足的故事。故事使用了夸张的手法，把大公鸡爱啄饭粒的喜好巧妙地和小朋友吃饭东张西望撒饭粒结合起来。故事在热闹欢快的你撒我啄中展开，基调热闹、夸张、活泼。在故事中，大胆的幻想（大公鸡会说话，到处去啄小弟弟）和艺术的夸张（大公鸡张开金翅膀，一跳跳到小弟弟的肩膀上，朝着他嘴巴上的饭粒，"笃"地啄了一下），曲折离奇的情节、熟悉的生活场景、生动形象的角色、可视可听的语言，深深地吸引着孩子，让他们沉醉在故事的世界中。

知识拓展

幼儿故事赏析

小熊维尼（节选）

小熊维尼是一头可爱的小熊，维尼自己可能会告诉你他是一只"没有头脑的熊"，其实他天真、单纯、诚实、乐观、助人为乐，最在乎朋友们的幸福和感受，所以大家都喜欢和维尼交朋友。不过他也有些小毛病，比如贪吃，比如对什么都好奇。还有，维尼永远也吃不够蜂蜜，喜欢把手边的所有小东西放到嘴里咂吮，以安慰他那老是咕咕叫的大肚子。

赏析

这个故事讲述了一只黄色的小熊和他的朋友们的生活，其中包含了友谊、勇气和乐观的主题。故事情节简单明了，语言幽默诙谐，适合幼儿小朋友们阅读和欣赏。

主题3 讲好幼儿故事前期的加工

讲述故事前要选取适宜幼儿的故事，并进行细致分析，在不改变故事原有情节的基础上，把故事进行适度修改、二次加工。"幼儿的审美心理对于感性形象的依赖性要求幼儿文学作品要特别重视形象性"。幼儿天性好动，所以，在改编故事时，适当地增强动作性和趣味性，幼儿就会乐于听赏。摹状、比喻、拟人、夸张，对幼儿语言的形象性和趣味性，有着特别重要的作用。

一、添枝加叶

添枝加叶是幼儿教师合理加工故事的方法之一。所谓添枝加叶，简言之就是扩写的一种方法，其目的在于增强幼儿对故事的理解力。添加枝叶的效果由个体的发散思维决定，它适用于图画故事的加工。

1. 加工原理

现在，图画故事越来越吸引幼儿和幼儿教师的注意，经常出现在幼儿园的语言教学活动中。究其原因，这是由图画故事的特点决定的。

首先，图画故事是以再造想象为主，依赖具体的图形、符号做凭借物来讲故事的书籍。因此，故事的内容主要是运用色彩鲜明的图片，采用图文并茂的方式表现主题，且文字简明扼要，仅起画龙点睛的作用。

其次，图画故事丰富的图片，可以引发幼儿的联想和想象，但过于简洁的文字，尤其是一些图画故事的文字过于生涩，不利于幼儿理解，更不利于训练幼儿的语言表达能力。而相关研究指出，"生动的、带有情感的语言能使幼儿的想象活跃起来，但是这种言语必须是幼儿所能理解的，否则就毫无作用"。

最后，图画故事可以促进幼儿发挥想象力，但幼儿的想象力是天马行空的，以至于常出现想象与现实无法区别的问题，不利于幼儿教师就某一主题对幼儿进行教育活动。

2. 加工方法示例

考虑到图画故事存在越来越多的内容简单、图片比较多，但语言文字较少的问题，幼儿教师在讲故事前，就要充分利用好故事的内容，采用添枝加叶的方式，对故事进行扩展和加工，以便对幼儿进行言语教育、道德教育，让幼儿在故事中发现真善美，学习正确待人处世的方法。下面以《老山羊和大灰狼》为例。

《老山羊和大灰狼》故事的加工思路。

加工前：

两座山间有一座桥，桥这头的老山羊和桥那头的大灰狼都要过桥。

大灰狼说："你先过。"

老山羊说："你先过。"

大灰狼急忙走上桥，向老山羊奔去。突然，老山羊喊："大老虎！"大灰狼马上回头看，老山羊趁机将大灰狼顶下了桥。

加工后：

两座山之间有一座小桥，桥身高，桥面窄，桥下水流湍急。一天，老山羊来到桥的这头，大灰狼来到桥的那头，它俩都要过桥。

大灰狼一见老山羊就馋得直流口水。它怕老山羊跑掉，便十分温和地说：“山羊兄弟，过去我有许多对不起您的地方。今天就让您先过桥，也算是我给您赔个不是。”

老山羊沉思片刻，笑着说：“你能认错就好，昨天我不小心把腿摔伤了，走路特别慢，还是你先过桥吧！”

大灰狼迫不及待地上了桥，一步步地紧逼过来。眼看大灰狼就要抓住老山羊了，突然，老山羊大喊一声：“大老虎！当心！”大灰狼慌忙扭过头去。就在这时，老山羊猛冲过去，一下子把大灰狼顶下了桥。

这是对《老山羊和大灰狼》这则寓言故事的加工处理。对比加工前和加工后的内容，可以看到，借助于添枝加叶法，故事内容变得丰富、充实，人物形象也生动多了。那么，如何为一则故事添枝加叶呢？

第一步：通读故事，理解大意，区分故事角色。

依据教育目标选定故事后，首先要做的就是通读故事，理解故事梗概，将故事中心思想提取出来，奠定情感基调，将故事中的主次角色圈画出来，然后区分出人物的正反面。

人物形象：故事中的老山羊和大灰狼是幼儿比较熟悉的形象，老山羊这个形象的特点是温和且有智谋，大灰狼这个形象的特点是凶残狡诈且贪婪。

故事内容：老山羊巧遇大灰狼，智斗大灰狼，说明做任何事情都要动脑筋，要用智慧战胜对手。

熟悉故事：老山羊和大灰狼要过桥；大灰狼想吃老山羊，假意谦让；老山羊智斗大灰狼，请大灰狼先过；大灰狼急着过桥；老山羊借老虎吸引大灰狼注意力，将它顶下桥。

第二步：寻找添加的内容和添加的位置。

通过对故事的梳理，把握了故事的题目、老山羊和大灰狼的特点及所处环境，熟记故事情节和角色语言，接下来就要思考在什么地方添枝加叶。

添加1：可以添加环境描写，以丰富故事发生的背景。

添加2：可以添加对人物形象的描写，如人物语言、动作、神态和心理的描写，丰富人物形象，让形象更加生动。

添加3：可以添加一些拟声词，如自然环境中的风声、雨声，还有动植物的声音、人物的感叹词等。

第三步：添加后再读一遍，梳理故事内容，熟悉故事中的人物形象，思考可添加的辅助手段。

经过以上三个方面的添加，故事就变得形象多了，内容也充实起来。这样的故事，教师在讲的时候，就可以吸引幼儿们的注意力，进而达到用故事实施教育的目的。

二、修枝剪叶

除了对故事进行添枝加叶，对故事进行合理加工的方法还包括修枝剪叶。所谓修枝剪叶，简言之就是写作中的缩写，就是在不改变原文的主题或中心思想的前提下，把文章过于复杂的内容缩减，把过长的篇幅缩短，保留主要内容，令人一目了然。

1. 加工原理

一些故事内容精彩，情节也极富趣味性，不过故事内容相对过长，不适合在特定的时间和场合下讲述；同时，由于年龄小，幼儿接受能力、理解能力和注意力都受到一定的限制，尤其是注意力。一旦幼儿教师选择的故事过长，占用时间过久，幼儿就会感到疲惫，以至于不能保持专注，结果就会导致故事教育的失败。为此，教师就要对所选的故事进行删减，以使其便于被相应年龄的幼儿接受。修枝剪叶就是删减故事的方法。

2. 加工方法示例

修枝剪叶的目的就是压缩故事的内容，保留故事的主要情节，删除故事的次要情节或将其一带而过，使故事更精练、简短、紧凑。

我们来看《丑小鸭（节选）》故事的加工：

乡下真是非常美丽。这正是夏天！小麦是金黄的，燕麦是绿油油的。干草在绿色的牧场上堆成垛，鹳鸟用它又长又红的腿子在散着步，讲着埃及话。这是它从妈妈那儿学到的一种语言。田野和牧场的周围有些大森林，森林里有些很深的池塘。的确，乡间是非常美丽的，太阳光正照着一幢老式的房子，它周围流着几条很深的小溪。从墙脚那儿一直到水里，全盖满了牛蒡的大叶子。最大的叶子长得非常高，小孩子简直可以直着腰站在下面。像在最浓密的森林里一样，这儿也是很荒凉的。这儿有一只母鸭坐在窠里，她得把她的几个小鸭都孵出来。不过这时她已经累坏了。很少有客人来看她。别的鸭子都愿意在溪流里游来游去，而不愿意跑到牛蒡下面来和她聊天。

最后，那些鸭蛋一个接着一个地崩开了。"噼！噼！"蛋壳响起来。所有的蛋现在都变成了小动物。他们把小头都伸出来。

"嘎！嘎！"母鸭说。他们也就跟着嘎嘎地大声叫起来。他们在绿叶子下面向四周看。妈妈让他们尽量地东张西望，因为绿色对他们的眼睛是有好处的。

"这个世界真够大！"这些年轻的小家伙说。的确，比起他们在蛋壳里的时候，他们现在的天地真是大不相同了。

"你们以为这就是整个世界！"妈妈说，"这地方伸展到花园的另一边，一直伸展到牧师的田里去，才远呢！连我自己都没有去过！我想你们都在这儿吧？"她站起来，"没有，我还没有把你们都生出来呢！这只顶大的蛋还躺着没有动静。它还得躺多久呢？我真是有些烦了。"于是她又坐下来。

"唔，情形怎样？"一只来拜访她的老鸭子问。

"这个蛋费的时间真久！"坐着的母鸭说，"它老是不裂开。请你看看别的吧。他们真是一些最逗人爱的小鸭儿！都像他们的爸爸——这个坏东西从来没有来看过我一次！"

"让我瞧瞧这个老是不裂开的蛋吧。"这位年老的客人说，"请相信我，这是一只吐绶鸡的蛋。有一次我也同样受过骗。你知道，那些小家伙不知道给了我多少麻烦和苦恼，因为他们都不敢下水。我简直没有办法叫他们在水里试一试。我说好说歹，一点儿用也没有！——让我来瞧瞧这只蛋吧。哎呀！这是一只吐绶鸡的蛋！让他躺着吧，你尽管叫别的孩子去游泳好了。"

"我还是在它上面多坐一会儿吧。"鸭妈妈说，"我已经坐了这么久，就是再坐它一个星期也没有关系。"

"那么就请便吧。"老鸭子说。于是她就告辞了。

最后这只大蛋裂开了。"噼！噼！"新生的这个小家伙叫着向外面爬。他又大又丑。鸭妈妈把他瞧了一眼。"这个小鸭子大得怕人。"她说，"别的没有一个像他；但是他一点也不像小吐绶鸡！好吧，我们马上就来试试看吧。他得到水里去，我踢也要把他踢下水去。"

安徒生童话《丑小鸭》的篇幅比较长，选取的仅是开头部分，字数就达1000多字。如此长的篇幅，讲给幼儿听，不但费时间，而且会导致幼儿因疲累而影响听故事的效果。此时，就需要进行修枝剪叶：

乡下是美丽的。田野周围有一些树林。一只母鸭在林子里孵小鸭。"叽，叽！"小鸭子从蛋壳里伸出脑袋叫着。"嘎，嘎！"母鸭子也叫着。小鸭子都钻出了蛋壳，可是还有一只最大的蛋一点儿动静也没有。还要等多久呢？母鸭子都有点儿等不及了。终于，这个大蛋裂开了，小家伙掉了出来。哦！他多大呀，又多么丑哇！这是一只非常大的鸭子，别的小鸭子都非常美丽，没有一个像他。

通过对比可以发现，经过修枝剪叶处理后的内容，容量变小，但主体内容没变，并不影响幼儿理解，而且相比于原文，语言更加简洁，中心更加突出。而容量和篇幅变小的主要原因就在于，原著多用描写语言，既有文笔细腻的景物描写，也有个性鲜明的语言描写，但是这些语言文字远远超出了幼儿的理解水平和知识储备，即使教师引导着阅读或讲解，幼儿也很难理解。因此，教师就需要依据作品内容，结合幼儿的特点，进行修枝剪叶。如何做呢？

第一步：读懂故事内容，抓住要点。

这一步对修枝剪叶的成功至关重要。在修枝剪叶之前一定要认真阅读故事原文，认真分析出故事的中心和主要内容。明确故事的中心后，圈画出故事的要点和部分优美的词句。这样就可以将故事的要点提炼出来，确保修枝剪叶后的故事有血有肉，能够吸引幼儿。

第二步：抓住要点，科学修剪。

如果把一篇比较长的故事变成一篇短小的故事，就可以将原来的故事看作枝繁叶茂的绿树，而被修剪的内容就是树的枝叶。这些枝叶包括次要事件、次要细节和修饰性的语句、大段的景物描写等。怎么修剪呢？

删：删除一些描述性的语句、修饰性的语句、大量的景物描写和心理描写；删除修饰、限制性的语句和过渡性的语句；非重点部分的描写和次要人物的对话可以删改；略写的故事内容在不影响故事发展和情节交代的前提下，可以删除。

换：将长句变为短句；将人物的对话、心理活动等尽量概括成几句叙述性的语句；次要内容加以概括叙述；故事中的略写部分加以合并。

第三步：阅读疏通，对照故事原文，确定故事主要内容不受影响，语句通畅明白。

三、化深为浅

对故事的加工，还有一种方法是化深为浅。所谓化深为浅，是针对幼儿理解能力低的特点，将故事中过于成人化、书面化或晦涩难懂的语句加以改写，使之浅显易懂。须知，幼儿的理解能力和认知水平，决定了他们无法理解一些过于成人化的内容和表达方式。倘若教师在讲故事时，不对这样的内容加以处理，幼儿就会因为听不懂而产生厌倦之情，进而失去兴趣，甚至影响幼儿的学习态度，更谈不上借故事对幼儿实施教育的目的。因此，幼儿教师对故事进行加工处理，也包括对故事进行化深为浅的处理。下面以《月亮出奔》为例。

原文：

据说，很久以前，有一年中秋的夜晚，月亮听到了人们对她的赞美和夸奖，禁不住内心的高兴，以致飘飘然："啊……我是多么明媚，多么皎洁，多么美丽，多么娇艳！要是白天也能够和人们见面，那该有多少荣誉和赞美落到我的身边！……就是那个太阳逼得我不能露脸！"

于是，月亮忍不住了，怒气冲冲地对着太阳说："你干吗老瞧着我？让人家看起来，好像我的光辉是你给的。再说，老让我围着你转，这样下去就会埋没了我的天才！"

太阳忠告她说："每一个星球都有自己的位置，在这个位置上可以发挥自己的全部才能和力量，要是离开这个位置，就会沉入宇宙的迷离之中。"

地球也忍不住对她说："你呀，要是离开太阳就会失去一切光辉和温暖，要是离开了太阳，就会迷失方向。"

可是，月亮更恼火了："好哇，你们串通一气来欺负我，你们以为我离开你们就不行了吗？不，没有太阳，我自己也可以发热发光；没有地球，宇宙中有织女，还有牛郎，他们会对我做出崇高的评价、正确的估量。长年累月地跟着你们转，有什么出息？我要独自创出一番事业。"

说罢，月亮真的离开太阳向那无边的星空、浩瀚的宇宙走去。月亮越走越寒冷、越凄凉。她看着苍茫茫的前途开始感到无限的悔恨和懊丧。最后，月亮终于忍不住放声痛哭起来，泪水落到身上凝成了一座座冰山。

慈祥的太阳听到了月亮的痛哭，就用强大的引力把她重新吸到自己身旁。这就是我们今天所看到的月亮。

改后：

据说，在很久很久以前，有一年中秋节的夜晚，月亮听到了人们夸奖她，高兴极了，得意地说："啊……我是多么明亮，多么美丽！

要是白天也能够和人们见面，那该得到多少光荣！……就是那个太阳逼得我不能露脸！"

于是，月亮忍不住了，怒气冲冲地对太阳说："你干吗老瞧着我？让人家看起来，好像我的光亮是你给的。再说，老让我围着你转，这样下去别人就不会看到我的光亮！"

太阳劝说她："每一个星球都有自己的位置，在这个位置上才能把自己的光和热散发出来。离开这个位置，你就会找不回来啦。"

地球也忍不住对她说："你呀，离开太阳，你就会失去一切光亮和温暖；离开了太阳，你就会失去方向。"

月亮更恼火了："好哇，你们串通一气来欺负我，你们以为我离开你们就不行了吗？不，没有太阳，我自己也可以发热发光；没有地球，宇宙中有织女，还有牛郎，他们会赞扬我。我一天一天地围着你们转，一年一年地跟着你们转，真没用。我要独自做出一番大事。"

说完，月亮真的离开太阳了，走向那无边的星空和宇宙。月亮越走越冷，越走越孤单。她走啊走啊，看着没有尽头的路，越来越后悔。最后，月亮忍不住放声大哭起来。她哭啊哭啊，泪水越来越多，落到身上就凝成了一座座冰山。

慈爱的太阳听到了月亮的哭声，就用强大的力量将她重新吸到自己的身旁。这就是我们今天所看到的月亮。

由上面的案例可以看到，一般来说，化深为浅的处理包括以下几方面。

（1）词语替换法。

这种方法就是用幼儿化、口语化的词句，替换故事中过于成人化和书面化的词句，以使故事内容便于幼儿理解和接受。幼儿故事最明显的特点就是口语化，即通俗、明快、质朴，没有生僻词语，表现力强。因此在替换时，要注意将生僻词、成人化和书面化的词圈出来，用幼儿能理解的平实或生动的口语替换。

上面的故事《月亮出奔》中，存在着像"我是多么明媚，多么皎洁，多么美丽，多么娇艳！"中的"明媚""皎洁""娇艳"，"太阳忠告她"中的"忠告"，"要是离开太阳就会失去一切光辉和温暖，要是离开了太阳，就会迷失方向"中的"光辉""迷失"这些幼儿不能理解的词语。要让幼儿理解它们，就需要幼儿教师用口语化或儿童化的词语替换，以达到化深为浅的效果。像将"明媚""皎洁""娇艳"换成"明亮"，将"忠告"换成"劝说"，将"光辉""迷失"换成"光亮""失去"。这样，幼儿理解起来就容易得多了。

（2）句式短小精练。

幼儿的理解能力决定了他们很难理解和记住较长、结构较复杂的句子。因此，倘若故事中包含着太多这样的句子，就会让幼儿因为听不懂而失去兴趣。因此，化深为浅的另一种方法就是将故事中的长句变得短小一些，更简单一些，尽量减少附加成分，适当添加重复部分。因为重复是幼儿故事口语化的特点，它可以加深幼儿对所讲事物的印象，更能表达讲故事人的情感。有时，重复听上去像自言自语，可以引起幼儿的注意，听起来有一种音乐美和抒情美。

《月亮出奔》中，"月亮真的离开太阳向那无边的星空、浩瀚的宇宙走去。月亮越走越寒冷、越凄凉。她看着苍茫茫的前途开始感到无限的悔恨和懊丧。最后，月亮终于忍不住放声痛哭起来，泪水落到身上凝成了一座座冰山", 包含着太多的长句, 幼儿不好理解, 因此可以将长句化为短句: "月亮真的离开太阳了, 走向那无边的星空和宇宙。月亮越走越冷, 越走越孤单。她走啊走啊, 看着没有尽头的路, 越来越后悔。最后, 月亮忍不住放声大哭起来。她哭啊哭啊, 泪水越来越多, 落到身上就凝成了一座座冰山。"这样读起来, 是不是就简单、生动得多?

除此之外, 将长句化为短句, 还可以将长句中的关联词语去掉, 这样就让句子富有了口语化的特点, 更能吸引幼儿。

知识拓展

幼儿故事赏析

小铃铛

小花猫今天真漂亮, 脖子上戴了一只小铃铛。走起路来就会丁零丁零响。

小花狗看见了说: "哟, 小铃铛圆溜溜, 多好玩! 给我戴下好吗?"

小花猫说: "不行, 不行, 会让你弄脏的。"

小白兔看见了, 说: "小铃铛亮晶晶, 多好看! 给我戴一下好吗?"

小花猫说: "不行, 不行, 会让你弄坏的。"

小山羊看见了, 说: "小铃铛丁零响, 多好听! 给我戴一下好吗?"

小花猫说: "不行, 不行, 会让你弄丢的。"

小花猫蹦蹦跳跳，走到河边，往水里照照自己的影子，嗨，多漂亮的小铃铛，圆溜溜，亮晶晶，还会"丁零丁零"响呢！他伸脖子，想照照清楚，没想到脚下一滑，扑通一下，掉到河里去了。

小花狗正在河边玩，看见小花猫掉到河里去了连忙去拉他。

"嗨哟——"哎呀！小花狗拉不动小花猫。小白兔和小山羊看见了，连忙跑过来帮忙。

"嗨哟！嗨哟！嗨——"大家一起拉才把小花猫拉上岸来。

小花猫多难为情呀，它低下头，拿下脖子上的小铃铛，说："你们也戴戴小铃铛吧！"

赏析

小花猫、小花狗、小白兔、小山羊它们最后成了好朋友，好朋友之间就要互相帮助、互相分享。玩具也要大家一起玩，这样才能玩得开开心心。我们小朋友也要向小花猫、小花狗们一样，好朋友之间要互相帮助、互相分享，这样你就会有很多很多的好朋友，大家一起在幼儿园里学习、生活多开心呀！

主题4　讲好幼儿故事前期的其他准备工作

导语

　　讲故事前，除了上面所讲的准备工作之外，还要设计故事的开头结尾、熟悉故事以及模仿练习。一是，故事讲述前设计精彩的开头和结尾，这是讲好故事的重要技巧之一；二是好的讲述者，还要熟记多练，才能挥洒自如；三是模仿练习，模仿是学习讲故事最快、最便捷的方式之一。

一、巧妙设计开头结尾

1. 故事开头巧妙设计

　　故事讲述前设计精彩的开头，是讲好故事重要技巧之一。好的故事开头，可以快速将孩子注意力集中，吸引孩子全神贯注地听故事。常用的故事开头设计技巧主要有：问题式、悬念式、谜语式和议论式。

　　故事《城里的猫和乡下的猫》，设计的故事开头采用问题式："有只猫，他生活在城里，他熟悉城里的一切。有一天，一只乡下的猫来城里做客，城里的猫就陪他到外面玩。会发生什么有趣的事呢？我们一起来听听吧。"设计孩子感兴趣的问题，吸引注意力，引起思考，让孩子带着问题与思考进入故事情境之中。

　　故事《绿色的史蒂文》，设计的故事开头采用悬念式："有个小男孩叫史蒂文，突然有一天，他变得就像一只绿色的大果冻，你们想不想知道到底发生了什么事情吗？快跟我一起听故事《绿色的史蒂文》吧！"将故事中的惊奇之处直接呈现给孩子们，由此吸引孩子听故事的欲望，"绿色的史蒂文"将人物和色彩奇特的组合营造出悬念氛围，让孩子带着"不解之谜"走进故事，获得听赏乐趣。

故事《大公鸡和漏嘴巴》，设计的故事开头采用谜语式："身穿花花衣，走路喔喔啼。这是什么小动物呀？"用猜谜语的方法开始故事，将故事主角用谜语的方式介绍给孩子们，孩子们猜中后会生发成就感，带着这种愉悦的情绪开始故事之旅。

故事《瓜瓜吃瓜》，设计的故事开头采用议论式："吃过的瓜皮应该扔在哪里呀？如果乱扔，会发生什么事情呢？跟我一起听故事吧。"针对教育目的设计议论，既吸引孩子的注意力，又将故事的教育作用大致介绍了一下，起到提纲挈领的作用。

2. 故事结束精彩收尾

故事结尾有很多技巧，如果可以用多种方法结束故事，会让故事变得更加精彩，收到意想不到的效果。有的故事结尾可以按照原文直接讲给孩子听；有的故事可以将结尾部分放在高潮处；有的故事结尾时是以引发思考的方式完成；有的故事结尾可以用续编、创编的技巧处理。讲述者在讲述故事之前，要在把握故事主题脉络的基础之上，提前设计好故事结束的方法，要先成竹在胸，才会将故事讲述得更有趣味性，才能挖掘出更多有价值的亮点。

小花猫种鱼

春天来了，小动物们都忙着种庄稼，小花猫看见老黄牛在耕地，小花猫就问："请问黄牛伯伯，您在干什么呀？"老黄牛笑呵呵地说："我在耕地种庄稼，想吃大豆种大豆，想吃南瓜种南瓜！"小花猫一听，高兴极了："我也得赶快种点儿鱼！"

小花猫急忙跑回家，拿来锄头，在地上挖了许多坑，把钓来的鱼全都种在坑里。

从此以后呀，小花猫再也不去小河边钓鱼了，它每天都守在坑旁边，盼着它的小鱼早点儿发芽。

故事《小花猫种鱼》，结束的部分在高潮戛然而止，讲述者可以鼓励孩子根据自己的理解，进行想象：小花猫每天守在坑旁边，盼着它的小鱼早点发芽，它的小鱼会发芽吗？没有等到小鱼发芽，小花猫会做些什么呢？如果你是小花猫，你会做些什么呢？检验孩子对故事的记忆、对情节的感知、对故事角色特点的把握和对故事整体的理解与想象，会极大地促进幼儿智力发展。

故事《胆小先生》，结尾时采用引发思考式："胆小先生后来怎么样了？小朋友能猜得到吗？"培养孩子的想象力、思维能力和创造力。

故事《龟兔赛跑》，在不同的年龄班讲述时，根据孩子的能力水平不同，可以不受限于原来故事的结尾，讲完故事后可以鼓励孩子进行创编："小兔子不服气，接下来会怎么样？"让孩子继续大胆想象，设计出不同的结尾：小兔子再次提出比赛，这一回他们准备在大草原比赛……引导和激发幼儿打开思路，发挥想象，培养幼儿的是非判断能力，达到教育目的。

二、熟悉故事

选择好适宜的故事后，要尽快熟悉掌握故事内容。熟悉故事是绘声绘色地讲好故事的前提和保证。讲述故事前，讲述者需要熟悉故事的题目、情节发展、角色特点及故事要表达的意义等。需要讲述者反反复复地练习讲述技巧，俗话说得好，"熟能生巧"，要对故事的重点部分、精彩部分分析、领会、感悟，通过反复练习，最终熟练掌握。下面以《四个好朋友》为例。

原文：

一天早上，天气真好，小花猫、小黄狗、小公鸡都到草地上来玩耍。小白兔蹦蹦跳跳地也来了，它跳呀跳，一不小心，碰了小花猫一下，小白兔连忙说："对不起，对不起！"小花猫说："没关系，没关系。"它们成了好朋友。

小白兔和小花猫一起滚皮球，滚呀滚呀，皮球"骨碌碌"地滚跑了。小花猫忙去捡皮球，一不小心，撞了小黄狗一下，它连忙说："对不起，对不起！"小黄狗摇摇头，说："没关系，没关系。"它们成了好朋友。

小花猫、小白兔和小黄狗一起滚皮球，玩得真高兴，小黄狗跑着追皮球，一不小心，踩了小公鸡的脚，小黄狗连忙说："对不起，对不起！"小公鸡被踩得很疼，眼里含着泪花。小黄狗赶快过去扶着小公鸡说："小公鸡，我踩疼你了吧？你坐下，我给你揉揉。"小公鸡看见小黄狗这样有礼貌，就原谅了他，忍着疼，说："没关系，没关系。"小花猫、小白兔也跑过来看望小公鸡。过了一会儿，小公鸡不疼了，和大家一起玩起来，它们成了好朋友。

故事《四个好朋友》虽然短小，但要想将这个故事讲得"好听"却不容易。故事里面有小花猫、小黄狗、小公鸡和小白兔四种性格迥异的小动物，不同的角色需要模仿练习小动物的声音、动作和神态。

故事情节的发展是由角色间的对话推动的，讲述者要熟记每一个小动物的对话内容，不断重复、巩固，在反反复复的练习中，一定可以掌握故事的精髓所在，孩子们也一定会在生动形象的讲述中，理解故事，提高语言表达能力。

三、模仿练习

讲述故事前，一定要熟悉故事，反复地练习讲述故事，熟能生巧。但要想讲出精彩美妙、深受幼儿喜爱的故事，则需要模仿练习，掌握讲述技巧，慢慢形成自己独具特色的讲述风格。

模仿是学习讲故事最快、最便捷的方式之一。找几位你比较欣赏的老师（如鞠萍姐姐）的录音、录像，反复模仿。不但要模仿她讲故事时的语气、语速、语调，还要模仿练习她的身姿、手势、眼神、表情等技巧。此时的你不要有太多的杂念，比如想着要有自己的风格等，因为你还在学习讲故事阶段，需要的是兼收并蓄，先做一个好学生。在反复模仿中熟悉讲述者的讲述风格和鲜明的表达技巧，从感知到领悟、从熟悉到掌握、从模仿到完全拷贝，然后在这个过程中，结合自身特色，慢慢地感悟、提升自己讲故事的技巧，形成自己的讲述特色与风格。

有时开始讲故事，担心讲不好，其实没有关系，凡事开头难。练习讲故事也像学习别的功课一样，可以由易到难。行为科学认为：21天养成习惯。我们得先习惯"开口"。让自己开口，学会讲故事是一个简单实用的方法。此时"面子问题"可能是自己的最大障碍。不要理会自己的故事讲得怎么样，只要开口讲就是成功的第一步。记住，你是在执行一项自我修炼。

我们要树立信心，相信自己一定可以将故事讲得孩子们愿意听、喜欢听。一定先习惯"开口"，才会让自己越来越会讲故事。克服"面子问题"，成长为一位会讲故事的高手。

知识拓展

幼儿故事赏析

唱歌比赛

有一天，小鸡、小鸭、小狗、小羊和小猫比赛唱歌，它们请小兔子做评判员。小鸡第一个唱："叽叽叽，叽叽叽。"小兔子说："小鸡唱得太轻了。"

小鸭接着唱："呷呷呷，呷呷呷。"小兔子说："小鸭唱得太响了。"

小狗说："我来唱。"它很快地跑到前面，唱："汪汪汪，汪汪汪。"小兔子说："小狗唱得太快了。"

小羊说："我来唱。"它慢吞吞地走到前面，唱："咩——咩——咩——"小兔子说："小羊唱得太慢了。"

最后，轮到小猫唱，小猫不慌不忙地走到前面，唱起来："喵喵喵，喵喵喵。"小兔子说："小猫唱得不快也不慢，声音不小也不大，好听极了，小猫应该得第一名。"

赏析

这个故事开头直截了当地点明了事件和人物。小鸡、小鸭、小狗、小羊的不同特点通过神态、动作恰如其分地表现了出来，与小兔子每次评审时的神态配合得很和谐。对小猫的刻画特别细致入微，与结尾获得冠军相呼应。这个故事教育幼儿以后唱歌要向小猫学习，唱得不快不慢、不响也不轻。

讲好幼儿故事的方法和技巧

幼儿教师讲故事是幼儿教育教学活动中的重要手段。给幼儿讲故事不仅是幼教工作者所必须掌握的一项基本技能，更是一门艺术。那么，幼儿教师要讲好故事，在做好上述前提工作的同时，还需要掌握必要的方法和技巧。其中，幼儿教师要通过有声的语音运用、无声的体态表达、道具使用、启发性提问等技巧充分调动孩子的听觉和视觉，让孩子通过听赏故事如闻其声、如见其形、如临其境、感悟至深，在故事中陶冶性情、启迪智慧、受到教育。

主题1　讲好幼儿故事的声音使用方法和技巧

导语

　　英国著名童书作家刘易斯·卡罗尔说："把握好语意，语言就会把握好自己。"这句话道出了声音的表意作用。优秀的故事讲述者的语言魅力在于：能够在讲故事的过程中，通过规范标准的普通话，富有艺术感染力的声音，准确、生动地再现作品，加深幼儿对故事的理解，引起共鸣，激发情感。讲述者要善于用声音塑造形象，善于用声音将深奥化为浅显、将抽象化为具体、将平淡化为神奇。因此，要讲好故事，幼儿教师就要注意声音的使用方法和技巧。

一、语音及其物理性质

　　语音是语言的物质外壳，是发音体振动周围的空气或其他媒介物而形成的。物体振动产生了音波，音波作用于人耳刺激听觉神经，使人产生声音的感觉，这就是语音。音波有重复的波形，就形成乐声，即听起来优美舒适的声音；音波没有重复的波形，就形成了噪声，即听起来刺激令人产生不适感或痛苦感的声音。据此，语音具有了特定的物理性质，即语音具有音高、音强、音长、音色四种要素。

　　1. 音高

　　音高是指声音的高低，由发音体振动的快慢决定。而发音体在一定时间内振动的次数称作频率。在同一时间内，振动的次数多，频率就高，声音就高；反之，振动的次数少，频率就低，声音就低。而发音体声音的高低也和物体的物理形态有关，比如长短、粗细、松紧、厚薄、大小等。成年男性的声带长而厚，因此声音低；成年女性的声带短而薄，因此声音高。随着人的年龄增长，声带的松紧发生了变化，声音的高低也会发生变化。因此，借助于控制声带，可以调节声音的高低。

2. 音强

音强是指声音的强弱，它是由发音体振动幅度的大小决定的。这种振动的幅度就是振幅。振幅大，声音就强，反之就弱。振幅的大小取决于发音时用力的大小。因此，发音时气流冲击声带力量的大小决定了语音的强弱。

3. 音长

音长是指声音的长短，由发音体振动持续的时间决定。振动持续的时间长，声音就长，反之就短。这也就是拖长声音说话，声音就格外长的原因。

4. 音色

音色又称音质，是声音的本质，它是指声音的特色。正是音色决定了不同人的声音不同。而这种音色的不同是由音波振动形式的不同造成的。通俗地说，就是由于音波波形的曲折形式不同，造成了音色的不同。具体来说，音色不同是由发音体、发音方法和发音时共鸣器的形状造成的。我们之所以能分辨出说同一句话的两个人，根本原因就是两个人的发音体——声带不同。

总之，音色是区别一切语言的意义的最重要要素。音高在语言表达中具有特别重要的作用，因为它构成了不同的音调；音强和音长则对语调和轻声起着重要的作用。

二、语气、语调运用技巧

讲故事离不开语气、语调，幼儿教师要讲好故事，就要明确语气、语调在语言表达中的作用以及运用技巧。

1. 语气不同，内容不同

语气是语言表达的重要技巧之一，是在一定的思想感情支配下具体语句的声音形式。语气的色彩和分量是语句的灵魂，它必须在一定的声音、气息的形式中表现。一句话的语气主要取决于语调。语调就是说话的腔调，即说话时的音强和停顿，指一句话里语速快慢、声音强弱的配置和变化，它表达了说话人的态度。由此，依据语气、语调的不同，会有陈述句、疑问句、祈使句、感叹句这些基本句子类型的存在。

一只小白羊和一只小黑羊都住在河边，小白羊住在小河东边，小黑羊住在小河西边。（陈述语气）

一天，天气很好，小白羊想过桥去看姥姥，于是就走上狃木桥，向小河西边走去。这时候，小黑羊也要过桥去看爷爷。走着走着，它们就在桥中间相遇了。小白羊走不过去，小黑羊也走不过来。（陈述语气）

小白羊把头一抬，对小黑羊说："退回去，快给我退回去！你知道吗，我要过桥看我姥姥呢！"（祈使语气和疑问语气）

小黑羊一听，也把头一抬说："你退回去！你看姥姥有什么要紧，我还要过桥看我爷爷呢！"（祈使语气和感叹语气）

小白羊生气地瞪着眼说："你凭什么要我退回去？是我先上桥

的！你应该退回去！"（疑问语气、感叹语气和祈使语气）

由上述案例可见，句子要表达的内容不同，语气也不同。案例中，陈述事实用了陈述的语气，表示肯定或否定的态度；表达疑问用了疑问的语气，这种语气既有无疑而问，也有有疑而问，不过都是疑问句；表达生气、惊讶、赞叹等情绪情感，就出现了感叹句；表示命令、请求或要求的语气的句子就是祈使句。

不同的语气表达不同的情绪，在讲故事时，教师就要细细分析故事内容，分清句子要表达的内容，从而决定在什么地方用什么样的语气讲述。

2. 语调不同，感觉不同

除了语气，语调也影响着故事讲述的效果。这是因为，形成语调的因素是多方面的，但起决定性作用的是思想内容和情感态度。一般情况，人的思想内容和感情态度处于一种基本稳定的状态，并不会出现大的起伏。因此，语调在大多数情况下会保持一种基本平缓的语调，然后在此基础上变化。基本语调在中音区进行，高昂、激越、紧张、热烈、愤怒、仇恨等表达强烈情绪的语调则在高音区进行，而低沉、悲哀、凄凉、沉痛等表达低沉情绪的语调一般在较低音区进行。而在实际表达中，语调一般是和句子的语气紧密结合的。因此，语调纵然千变万化，但只有以下几种基本类型。

（1）高升调。这样的语调多用于疑问句、反诘句、短促的命令式祈使句里，或是用于表示愤怒、紧张、警告、号召的句子里。在朗读时，要注意前低后高、语气上扬。

（2）降抑调。这种语调一般用在感叹句、祈使句或表示坚决、自信、赞扬、祝愿等感情的句子里。当然，表达沉痛、悲愤的感情时一般也用这种语调。朗读时，要注意调子逐渐由高降低，末字低而短。

（3）平直调。这种语调一般多用在叙述句中，多用于陈述事实、说明事物或表示迟疑、思索、冷淡、追忆、悼念等的句子里。朗读时要一直保持平直舒缓，不要出现显著的高低变化。

（4）曲折调。这种语调用于表达一些特殊的感情，如讽刺、讥笑、夸张、强调、双关、特别惊异等句子里。朗读时先高后低再高，要将句子中某些特殊的音节特别加重升高或拖长。

不同的语调给人的感觉不同，而这种变化离不开句子的语气。在讲故事时，教师要注意结合故事内容，科学运用语气、语调，尤其是结尾的语调升降变化，传达出故事的作者或人物的情绪情感，以便吸引幼儿，实施教育。

3. 巧用语气、语调，让故事声情并茂

语气、语调是语言表达中的重要因素，是语言表达的"王牌"。它们之间的巧妙组合，虽然只是说话的腔调变化，只是语音高低、轻重的配置变化，但巧妙地借助于这种变化，教师就可以润色语言，让同一个句子产生不同的效果，表达不同的情感，进而把故事讲得声情并茂。

（1）针对幼儿特点，调整语速语调。研究表明，幼儿更容易被有辨识度的声音所吸引，更喜欢有起伏、有节奏感、语速适中的声音。因此，教师在讲故事时，要依据故事内容，调整好语速、语调，尽量选用适合的语调，并做到吐字清楚、语速适中、重音突出、声音有起伏。比如：

平和的语调用于故事开始时的引入，如，"小朋友们都坐好了吗？"

欢快的语调用于渲染情绪，如，"乌鸦高兴极了！"

悲哀的语调用于表达伤心或难过，如，"那个卖火柴的小女孩，又冷又饿，死在了大街上。"

讽刺的语调，如，"好个狡猾的狐狸，你是个什么东西！"

（2）抓住年龄特点，巧妙模拟声音。为了让故事形象生动，幼儿教师在讲故事时，还要注意结合故事内容，针对不同的角色，合理调整语速、语调，让人物各具特色，性格鲜明，以促进幼儿的语言训练，发挥故事的教育作用。

如果故事中出现了小孩，那么在讲故事时，要注意到小孩处在变声之前，说话的气息不成熟，出气短，青涩稚嫩。于是就可以通过嘴部的变化来控制气流的小变化，口放圆，出气小，以达到模拟小孩的语气和声音的目的。

如果故事中出现了青年，那么就要考虑到青年一般是在生理变声开始的时候，喉结刚刚长出，将声音前置就很适合这类年龄段。于是可以将口腔的中前部分和鼻腔的中前部分配合，情绪上要注意体现动感，如此一来就可以模拟出年轻而华丽的声音。

如果故事中出现了中年人，那么就要考虑到中年人处于不惑和知天命的年龄，声音会很沉稳、厚重，甚至有些城府之感，声音的中气要足些。在模拟此类人的声音时，要注意将气流的振动多放在口腔的中后部，声音要放稳，语速要不紧不慢，控制好声音的变化。

如果故事中出现了老年人，那么就要考虑到老年人气息不够的特点，在模拟声音时，就要将声音放得很扁很扁，重点在口腔的后部控制，然后收起声音的时候要弱一些，以此产生老年的感觉和音色。

总之，幼儿教师在讲故事时，要注意每个年龄段都有各自的声音特点，要掌握这些年龄段的特点，平时多加强模仿训练，就可以让声音为故事添彩，实现声情并茂。

（3）注意性格特色，以声塑形。讲故事，顾名思义就是把故事讲述出来。因此，幼儿教师在讲故事时，就要根据故事中不同人物的思想感情、个性特征和环境变化，选择恰当的音量、语速、语调来刻画人物形象。用声音塑造人物形象，还要抓住人物的个性心理，尽可能符合生活实际，活灵活现地把人物形象展现在幼儿面前。

一般说来，骄傲的人说话盛气凌人，谦虚的人说话平稳；奉承拍马屁的人说话低三下四，病危的人说话断断续续；强健的人说话铿锵有力；等等。幼儿教师要注意抓住所刻画人物的性格特点和心理活动，巧妙地调整语音、语速和语调，以体现不同的语气。

狐狸和乌鸦（节选）

这时候，狐狸也出来找吃的。它抬起头一看，乌鸦嘴里叼着一片肉，狐狸馋得直流口水。

狐狸想了想，就笑着对乌鸦说："您好，亲爱的乌鸦！"（热情洋溢，讨好的）

乌鸦不作声。

狐狸又说："亲爱的乌鸦，您的孩子好吗？"（迫切，讨好的）

乌鸦看了狐狸一眼，还是不作声。

狐狸又说："亲爱的乌鸦，您的羽毛真漂亮，麻雀比起您来，可就差多了。您的嗓子真好，谁都爱听您唱歌，您唱几句吧！"（奉承、拍马屁、谄媚）

乌鸦听了狐狸的话，得意极了，就唱起歌来。

三、重音、语速运用技巧

幼儿教师要将故事讲得生动、形象，吸引幼儿，就要注意发挥语气、语调的作用。其中，语调包括句子的停顿、声音的轻重快慢和语气的变化。下面，我们进一步了解如何运用重音、停顿巧妙地润色语言，使故事声情并茂。

1. 把握重音，突出情感

重音也称重读，在语句表达中起强调重点、突出主要情感的作用。组成语句的词语在语义上并非完全并列、同等重要，它们也存在主次、轻重之分。出于表达的需要，故意对那些重要的词语或音节加以强调和处理，这些词语或音节就是重音。就讲故事而言，重音可以强调重点，突出情感。

（1）重音的种类。重音包括词重音和语句重音两类。词重音是指需要重读的音节，依据音域的大小、时间的长短和强弱程度，可以分为重、中、轻三个等级。语句重音是指语句中重读的词语，包括语法重音、逻辑重音和情感重音三种。

语法重音多是用以修饰的词语，如表示性状和程度的状语、表示结果或程度的补语，以及表示疑问和指示的代词。

逻辑重音是依据句子意思，将需要突出或强调的词语重读。如"一只乌鸦，得到了一块奶酪，躲在一棵大树上，准备好好地享享口福"。故事中第一次出现的人名、地名、时间和关键性的事情、东西就要重读，所以"乌鸦""奶酪""大树""享享口福"重读，可以给幼儿留下很深刻的印象。

情感重音则是出于表达情感的需要，把句子中的某些字词加以强调的重音。比如"李时珍花了整整27年工夫，终于把《本草纲目》写成了，为世界药物学做出了卓越的贡献"。这里为了突出李时珍所用时间和所获成就，可以将"整整""终于""卓越"重读，突出其成就之大。

（2）把握重音的方法。要运用重音增加故事的色彩，就需要把握重音，即找到重音的确切位置。为此，教师要明确故事的重点，弄清故事的主旨，真正将每句话的表意重点弄清楚。一般来说，表意的重点词语往往就是重音的位置。即便是同一句话，由于重音位置的移动，表意的重点也会发生变化。比如：

我知道你会唱歌。（别人不知道你会）

我知道你会唱歌。（你不要瞒着我）

我知道你会唱歌。（别人会不会唱我不知道）

我知道你会唱歌。（你怎么能说不会呢）

我知道你会唱歌。（会不会跳舞我不知道）

由此可见，重音的位置对语意有重要影响。教师在讲故事时，巧妙且正确地使用重音，就可以达到准确表情达意的作用。

（3）正确地表现重音。要发挥重音在讲故事中的作用，还要注意重音的表现方法。一般来说，常见的重音表现方法包括以下四种。

前后停顿法。即有意识地在某些词语的前或后停顿一下，突出这个词。如"那羽毛，那脖子，简直像天堂上的梦！"，这里在两个"那"和最后一个"梦"字前略停顿，就能引起幼儿的注意，将那种快乐之情表达出来。

突然放慢法。这种方法就是有意将音节拖长一些，用延长音节的办法使重音突出。如"金老虎刚说完肚子里有铜钱时，就死了"，将"就死了"运用重音，放慢读，就可以将金老虎想的过程和感觉表现出来。

轻读法。在某些时间，表现重音不一定非要增加音量，有时用减轻音量的方法，将重音低沉地轻轻吐出，效果反而更好。这种情况一般用在表达极为复杂而细腻的感情时。如"风一吹，芦花般的苇絮就飘飘悠悠地飞了起来"，这里的"飘飘悠悠"轻读，就可以表达一种悠然的动态之美。

在停顿强调时用重音，即在要强调的词后面做一个短暂的停顿。如"再见了，亲人！我的心永远／和你们在一起"。

2. 巧设停顿，促成韵律美

停顿是指说话时，语句中间、结尾出现的间歇。幼儿教师要弄清楚停顿的作用，巧妙地停顿，就可以让故事产生韵律美，进而增强故事的吸引力。

（1）停顿的作用。停顿会让语言产生顿挫之感，因此在口语表达中可以产生这样的两种效果：一是起标点符号的作用。作为话语中换气的间隙，停顿不但表明上句话的结束，而且预示着下句话的开始，因此可以加强语言的清晰度和表现力。二是停顿能以间歇的长短、一定时间单位里次数的多少形成讲话的节奏，给人以韵律美，使口语抑扬顿挫。

（2）停顿的方法。停顿可以充分表达思想感情，让幼儿有时间领会故事的内容。和重音一样，停顿的位置不同，一句话表达的语意往往也会不同。比如：

我看见他笑了。（表明笑的人是他）

我看见他／笑了。（表明笑的人是我）

这是同一句话是否有停顿的对比。没停顿，表明笑的人是他；在"他"后停顿，表明笑的人是我。不同的停顿表达不同的语意。这就提示我们：

一是语法停顿，即依据句子结构和语意表达上的需要确定停顿，否则就会影响表达效果。

二是标点停顿，即依据标点符号不同停顿。

在故事的文字表达中会有一些标点符号，不同的标点符号实际上代表着不同的停顿。教师要明确不同的标点符号停顿的时间长短，比如顿号最短，逗号较长，分号比逗号长；省略号和破折号也表示一定的停顿；句末的点号，即句号、问号、感叹号，表示的停顿比分号更长；冒号表示的停顿比分号长，比句号短。在明确标点符号停顿的时间长短后再讲故事，教师就可以借助于顿挫有度的语言，让语意层次分明，让故事生动形象。

三是情感停顿，即在需要突出或强调感情的内容处停顿。

在讲故事的过程中，有时为了突出某一事物，强调某一观点，以表达某种感情，就需要在这个事物或这个观点之后加以停顿。比如：

太阳光暖洋洋的，一朵朵像棉花糖一样的白云在天上飘着。

三只小老鼠／穿着美丽的衣服，喜洋洋地去参加服装比赛。前面就是／嘟嘟熊的果园了。啊！这里有那么多好吃的水果：苹果、橘子、梨……

在这里，为了突出主人公——三只小老鼠以及故事发生的地点——嘟嘟熊的果园，出现了停顿，如此一来，重点就突出了。

当然，停顿要发挥助力故事发展的作用，就要得当、得体，要根据传情表意的需要合理设置。如此才能产生言外之意和弦外之音，让幼儿去思索、回味和期待，产生"此处无声胜有声"的艺术效果。

（3）停顿的表现方法。知道了停顿的类型，那么如何表现呢？幼儿教师要结合故事的内容，采用以下方法停顿。

一是干脆停顿法。就是依据标点符号，在该停顿的地方干脆地停顿。这种方法可以用于故事的正常叙述。

二是停连法。停连是指表达中声音的中断和延续的一个常用技巧。正是这种有断有连的方法，才能产生扣人心弦的作用。

三是拉长声法。这种方法就是在需要停顿的地方，故意拉长声音，用于提示，表达情感。比如故事中一些需要特别注意、深入思考或仍有余味之处。

总之，停顿可以让讲故事变得抑扬顿挫，但要注意的是，当断不断，会语序纷乱；该连不连，会语意难全。因此，停顿要科学，不能随意为之，以免造成不必要的麻烦。

四、语势、节奏运用技巧

停顿和语气、语调相结合，会提升语言的表达效果。但倘若缺少了语势和节奏，那么故事的吸引力就会大打折扣。究竟何为语势和节奏？如何借助语势和节奏提升讲故事的效果呢？

1. 语势及运用

语势是指讲故事时声音升降平曲、高低起伏的变化形式。它是借助于控制声带的松紧来实现的。一般来说，如果要体现高亢激昂的情绪，就可以将语调由平升高，即形成扬的语势；如果要体现低沉持重的特点，就可以让语调先平后降，即形成抑的语势；如果想体现平缓舒展的感觉，就要减少语调的变化，形成平的语势；如果想体现起伏不定的心情，就可以让语调升降频繁，进而形成曲的语势。当然，究竟要用扬、抑，还是平、曲的语势，还要根据故事的内容和表达方式来确定。比如：

当年毛委员和朱军长带领队伍下山去挑粮食，不就是用这样的扁担吗？（此处是疑问句，表示疑问，就可以用上扬的语调）

盼望着，盼望着，东风来了，春天的脚步近了。（这里表示肯定，是一种记叙的方式，就需要用抑的语势）

2. 节奏

语气、语调和语势相结合，让故事的讲述具有美感；如果教师在讲故事的过程中，又能借助于重音和停顿，就可以产生节奏美。节奏美会让教师在讲故事的过程中，表现出由声音抑扬顿挫、轻重缓急而形成的回环往复。因此，在讲故事的过程中，教师如果能结合故事内容，科学而巧妙地停顿，就可以产生下面几种节奏美。

（1）轻快型节奏美。这种节奏语速较快，多扬少抑，多轻少重，声轻不着力，词语密度大，有时有跳跃感。可以用来描绘欢快、诙谐的画面或情节。如：

呀，多美妙的音乐！各种各样的动物从很远很远的地方赶来了，它们快乐地在火车两旁边蹦跳边听音乐，就像在夹道欢迎远方来的贵宾。两旁的花儿也感动了，渐渐舒开了。

（2）沉稳型节奏美。这种节奏语势沉缓，多抑少扬，多重少轻，音强而着力，词语密度疏，常用来表现庄重、肃穆、紧张的气氛和悲痛、抑郁的情感。如：

可没多久，地板上响了一下，她打了个寒战，心"噗噗噗"地跳个不停，她打定主意：赶快上莲娜家去。

（3）舒缓型节奏美。这种节奏语速较缓，语势较平稳，声音轻柔而不着力，常常用来描绘幽静的场面和美丽的景色，也可以表现舒展的情怀。如：

妈妈回来了，看到小河马吃饱了饭，和小青蛙一起玩得那么开心，妈妈也高兴地笑了。

（4）强疾型节奏美。这种节奏语速较快，多扬少抑，声音强劲而有力，常用来表现紧张急迫的情形和抒发激越的情怀。如：

忽然，树丛中蹿出一只大老虎，一把捉住了笨笨猪。

总之，在讲故事的过程中，教师如果能依据故事的内容，采用不同类型的节奏来讲述，就可以让幼儿随着内容情节的变化产生情感的变化，进而促进幼儿心智发展，达到故事教学的目的。

知识拓展

幼儿故事赏析

小熊拔牙

有一只小胖熊，非常讨人喜欢，可他有个缺点，就是不喜欢刷牙。

一天早晨，熊妈妈出门去了，小熊在家里翻箱倒柜，到处找吃的。不一会儿工夫，小熊就吃了一大堆糖果，还有一罐蜂蜜。小熊正在得意，忽然叫了起来："哎哟，我的牙怎么这么疼哟！"正巧，兔大夫出门看病，路过小熊家，听到小熊的叫声，急忙进屋询问小熊发生了什么事情。兔大夫瞧了瞧小熊的牙齿，摇摇头说："你平时吃甜的东西太多了，又不爱刷牙，几颗牙都有问题，有一颗还需要拔掉呢！"兔大夫用钳子钳住小熊的坏牙，费了好大的力气，累得满头大汗，也没能把坏牙拔下来。于是，兔大夫把小猴和小狐狸他们都叫来，大家齐心协力，才把小熊的坏牙拔下来。

从此以后，小熊每天坚持刷牙，一排牙齿雪白雪白的，再也不疼啦。

赏析

《小熊拔牙》的故事主要讲述的是一只非常讨人喜欢的小胖熊，但是它有一个缺点，就是不喜欢刷牙。小胖熊趁妈妈不在家偷吃了很多蜂蜜，直到小胖熊的牙齿很疼，没有办法只能让兔子医生和小伙伴们帮忙拔牙。这个故事告诉幼儿，千万不要学小胖熊那样，应该每天早晚都刷牙，好好爱护自己的牙齿。

主题2　讲好幼儿故事的体态语使用方法和技巧

　　体态语是人们在交往活动中，除了有声语言的交流以外，还会采用身体的姿势、手势、面部表情和眼神等"无声语言"传递信息、表达感情和表明态度。使用体态语给幼儿讲述故事时，属于无声胜有声的语言。与抑扬顿挫、富有韵律的有声语言相结合，视觉和听觉和谐统一，多渠道传递故事，补充和强化有声语言的信息，丰富讲述者的表达方式，弥补有声语言的表达局限，更加形象、直观地刺激幼儿视觉系统，激发幼儿学习的兴趣，更好地帮助幼儿理解有声语言表达中某些不易理解的部分。

一、身姿运用技巧

　　体态语运用得好，与语言表达相结合，会增强口语表达的效果，使故事讲述得更加生动形象。要想使幼儿爱听你讲的故事，就要善于使用体态语，得当的身体姿势和夸张的表情、传神的眼睛可以增强故事的可视性与美感，冲击孩子的视觉感受，从而让其多方位立体感受故事带来的情感体验。

　　体态语可以将抽象的语言概念变得更加具体形象。讲述者活泼自然的面部表情、灵活自如的动作、与孩子随时交流的眼神，都可以拉近和幼儿的距离，让幼儿感到更加亲近，对故事的记忆也会更加深刻。体态语是富有内涵的体态语言，在故事讲述中具有独特的魅力。

幼儿故事多具有表演性，讲述者通过运用身体姿势，表现故事中的形象，再现故事情节，增强故事的感染力，激发幼儿感知、联想、加强记忆。

身体姿势的运用技巧注意结合身体姿势、方位动作两方面进行练习。例如故事《小铃铛》，小花猫因为脖子上有一个小铃铛而扬扬自得，拒绝所有好朋友的请求，结果自己在小河边照影子，一不小心脚下一滑，掉进了小河里，被小伙伴救上来。在故事讲述过程中，小花猫先和不同的小动物进行了对话，为了更生动、逼真地表现故事内容，我们可以在讲述中，将故事中先后出现的不同角色，设计在不同的方位，和小花猫进行对话和互动表演。让小花猫从出场开始，时而出现在舞台左边、时而出现在舞台右边、时而出现在台前和不同的角色进行"方位对话"，这样可使故事讲述更加饱满，场面感更强。

故事讲述到小花猫在小河边照镜子的部分，"小花猫蹦蹦跳跳，走到小河边，往水里照照自己的影子，嗨，多漂亮的小铃铛，圆溜溜，亮晶晶，还会'丁零丁零'响呢！"这一段可以结合舞蹈动作的身体姿势表现，轻盈地踮起脚，换着不同的姿势在小河里照照自己的影子，自我陶醉。身姿的变化会增加故事的可视感，给人以视觉上美的享受，增加故事的韵律美。

当故事讲到"它伸长脖子，想照照清楚，没想到脚下一滑，扑通一下，掉到河里去了"这一段时，要采用夸张、形象的跌跤姿势，动感十足地表现"脚下一滑"并跌落"小河"里。让孩子真切感受小花猫跌入小河的场景，激发孩子想救小花猫的愿望。最后大家齐心协力救小花猫的动作，是和孩子一起互相环抱挽腰喊口号，让力度加大，气势增强，在剧情急转中，以"小花猫摘下小铃铛不好意思地低下了头"结束。这个故事中，身体姿势、方位动作巧妙结合，融为一体，让故事更加鲜活地表现在幼儿面前，视觉感更强，易于理解。

故事《小猪奴尼》中，有一段这样描述："奴尼吓得逃呀逃，逃出两里地。路上碰到猫妈妈，带着小猫做游戏，喵——，走开，走开，别吓坏了我的小猫咪！"动作设计简单清晰，易于孩子理解、模仿。

需要强调的是讲述故事中，要多关注幼儿的反应，揣摩幼儿的感受、需要和兴趣，适时作出调整。身体姿势运用不宜过多，记住一个原则：宜简不宜繁、大方不拘谨。

二、手势运用技巧

故事讲述时，可以辅以手势的运用增强故事的表现力。手势较身姿动作范围小、易操作，故事讲述时手势运用技巧有象形手势。如故事中出现不同的动物形象，可以用手势动作进行模拟表现，如：表现小花猫可以将双手置于嘴边，做猫胡子状表示；表现小鸭子可以双手叠在一起，做出扁扁嘴巴的样子；表现小鱼则可以用双手置于身后左右摇摆，表示小鱼的尾巴游来游去的样子；表现小猴子则可以用双手在脸部、颈部、上身或头部进行抓挠状，并将五指捏拢后做出桃形，配合抓挠动作表示；大象则可以一只手抓住另一只胳膊肘处，前伸手臂表示长长的鼻子，并左右摆动等。此外还有一些生活类的故事中也需要用手势表示：如，刷牙、洗脸、梳头、跳绳、拍球等，手势技巧运用简单、易于模仿。

故事《小乌鸦喝水》中有一段这样描述："小乌鸦一时想不出

什么好办法，只好围着瓶子飞了一圈又一圈，飞了一圈又一圈。突然，它发现离它不远的地方有一堆小石子儿，小乌鸦急忙飞过去，用嘴巴一颗一颗、一颗一颗地把小石子儿衔到瓶子里。随着小石子儿的增多，瓶子里的水慢慢地涨到了瓶口，小乌鸦痛痛快快地喝到了瓶子里的水。"这一段故事中，随着小乌鸦扇动着翅膀到处飞、围着瓶子转圈圈、用嘴巴衔小石子儿，双手配合按节奏扇动，凸显小乌鸦的特点，孩子们模仿起来既生动又有趣，一遍一遍，乐此不疲。

　　故事中，运用手势技巧还有很多，如招手动作。故事《小猪奴尼》中，"牛婶婶远远地看见小猪脏兮兮的样子，就向它招手呼喊：'哎哟哟，哪来这么个脏东西，来来来，让我给你冲一冲、洗一洗。'"故事《军礼》中，"军长愣住了，他望着雕塑般的军需处长，眼泪流了下来。他高高举起那只鲜红的辣椒，在灰色的天穹下，在弥漫的雪雾中，辣椒就像一支燃烧的火炬，照耀着前程。在火炬下，一只又一只右手缓缓举起，军礼是那么庄重。"手势动作的高高举起和敬礼都会增强故事的表现力和感染力。故事《狼和小羊》中，"小羊温和地说：'亲爱的狼先生，我怎么会把您的水弄脏呢？您站在上游，水是从您那儿流到我这儿的，不是从我这儿流到您那儿去的呀！'"手势运用在方位指向上，双手右上举表示上游并手指拨动表示水流动。故事《老鼠开会》中，老鼠们听见响声，互相用手指竖在嘴巴前示意安静等。手势在幼儿故事讲述中的运用非常普遍，和身体姿势运用技巧一样，要适宜适度，不宜过多过复杂。

　　三、表情运用技巧

　　幼儿故事包含很多情感成分，高兴、喜欢、厌恶、生气、愤恨等，通过讲述者的面部表情可以形象传递故事情感，让孩子们跟随故事或喜或忧。讲述时，面部表情的运用要根据故事不同，或采用形象夸张的表情，或采用舒适自然的表情，或采用平和委婉的表情，这些都会使故事更有代入感，让孩子们如临其境，更乐于反复讲述故事并表演。平时我们可以对着镜子练习表情，喜怒哀乐各种表情要表现适度，记住一个原则：适度夸张、善变会变。

例如，故事《大狮子和小老鼠》中有一段精彩的对话片段："小老鼠看见大狮子，就哀求说：'勇猛无比的大狮子呀，求求你，帮帮我吧！'大狮子见小老鼠很可怜，便伸出爪子把小老鼠救了上来。小老鼠非常感激，对大狮子说：'朋友，我一定会报答你的！'大狮子听了以后，哈哈大笑：'哈哈哈哈，我这么大，你这么小，我怎么会让你来帮助我呢？'"在讲述小老鼠哀求的样子时，表情一定要做出苦苦哀求、愁云满布的样子；小老鼠获救了，表情立刻要转换成欣喜、激动和感激之情；大狮子哈哈大笑的时候，面部表情要做出不屑一顾、目中无人的狂妄样子；最后大狮子被小老鼠救了以后，面部表情要表现出内疚不安、坦诚认错的样子。

如果用故事《狼和小羊》来说明表情的运用应该是比较经典的事例，故事中有一段描述："狼恶狠狠地说：'就算这样吧！你总是个坏家伙儿，我听说，去年你在背地里说我的坏话！'小羊听了，怯生生地说：'噢！亲爱的狼先生，那是不可能的事儿，去年、去年我还没出生呢！'"这段对话中，大灰狼的恶狠狠和小羊的怯生生形成鲜明对比，表情的运用能让孩子们如见其形、如临其境、如感其声，易于理解和感悟角色深层心理的变化。

故事《什么》中，派克奶奶是一个特别勤劳的人，她让派克干了一整天的活儿，把派克累得大口大口喘气。到了晚上睡觉的时候，

"可是，没有床啊！……可是，没有枕头哇！""可是，没有被子呀！""可是，没有泰迪熊啊！""可是，已经天亮了！"每一句派克的反问都会有奶奶非常夸张的回应："什么？！"这个故事里，奶奶夸张的神态贯穿始终。在讲述故事时，要注意每一次发问，奶奶的每一次回应"什么"时，都配合嘴巴大大地张着，眼睛大大地瞪着。夸张滑稽的表情，增加故事的趣味性，让孩子们听得前仰后合，禁不住反复模仿。熟悉故事后，让孩子扮演搞笑又能干的奶奶，试试效果吧！

四、眼神运用技巧

在故事讲述中，夸张的动作、多变的表情会使故事变得更有趣生动。眼睛是传情达意的心灵窗口，眼睛可以将讲述者微妙的心理变化反映出来并传递给听者。如，骄傲的人盛气凌人，眼神轻蔑；强壮的人孔武有力，眼睛炯炯有神；活泼的人轻盈欢快，眼睛清亮发光等。在讲述故事时眼神要亲切自然，不能游离或回避孩子的目光，或淡定自若或目光炯炯或温情感人。讲述者要善于用眼神传递故事所表达的情感，帮助幼儿更好地理解故事作品。

例如，故事《大嘴青蛙》中有一段精彩描述，动感十足："大嘴青蛙又遇见了鳄鱼先生，它还是咧着大嘴问道：'你好呀，鳄鱼先生，请问你喜欢吃什么？'鳄鱼神秘地说：'你过来，小家伙儿，让我悄悄地告诉你。'大嘴青蛙刚要凑过去听，树上的小鸟大声叫了起来：'还不快跑，鳄鱼最喜欢吃的就是大嘴青蛙！'"故事中的大嘴青蛙遇到了鳄鱼先生，它不管不顾还是咧着大嘴巴，鳄鱼很神秘地和它对话时，要运用眼神的技巧表达鳄鱼的阴险而沉稳。讲述者要半眯着眼睛，微微闪烁着狡诈的目光，对大嘴青蛙说："你过来，小家伙儿，让我悄悄地告诉你。"用眼神增强故事的表现力，刻画出鳄鱼狡诈的形象。

讲述者在讲述故事中，要善于使用眼神密切关注孩子听故事的反应，及时调整讲故事的节奏和语调，会产生好的互动效果。讲述者还可以通过前视、环视、侧视、点视、俯视等眼神和幼儿交流，让幼儿在真挚关爱、闪烁着智慧的眼神中跟随你一起徜徉在故事世界、感受故事的魅力。

故事讲述中，体态语的使用要符合讲述者的身份，要根据幼儿的年龄特征、性格特点、心理水平和认知能力恰当使用。讲述前可以采用分解动作、着重练习、先局部再整体、先分解再整合的方式。例如讲故事《小铃铛》，先练习身姿，脚下一滑的摔跤动作；在此基础上练习招手的手势；配合焦急的表情和害怕的眼神。对照镜子反复练习，相信在不断练习、调整、完善中，会逐渐形成你自己独具特色的体态语风格。

总之，体态语的运用要自然大方、流畅自如、适度得体，不可矫揉造作、刻意夸张、生搬硬套甚至装腔作势。体态语使用是一个整体，身姿、手势、表情、眼神要结合运用，不可生硬割裂，但要注意的是讲故事要以声音、表情和眼神为主，动作为辅，动作不宜过多。

🌸 知识拓展

幼儿故事赏析

守株待兔

从前，有个农夫在田里锄地、拔草，累得筋疲力尽，他就靠在一个大树桩上休息。忽然，一只兔子从远处的草丛里飞奔过来，不知怎么回事，兔子竟一头撞在大树桩上，死了。农夫欣喜若狂地跑过去捡起了兔子。

农夫拎着兔子，得意扬扬地想："今天的运气真不错，竟然白白捡了一只兔子，这可比种庄稼容易多了，说不定明天还会有兔子跑来撞死在树桩上呢。如果我每天都能捡到一只兔子，就不用辛辛苦苦地种田了。那岂不是太好了吗？"

从此以后，农夫再也不干活儿了，天天戴着草帽坐在那个树桩边，等着兔子撞过来。可是他一连等了好几个月，也没有看见一只兔子的影子。地里的野草长得比庄稼都高了，可是，他仍然无动于衷，懒得干活儿。就这样，夏去秋来，别人的粮食都喜获丰收，只有他家颗粒无收。哎！这能怪谁呢？

赏析

《守株待兔》讲的是一个农夫想不劳而获的故事。故事描述了一只兔子偶然撞到树桩上死了，一个农夫捡拾后再也不去种地，天天守在树桩边等着兔子撞死，结果颗粒无收、一无所获。故事内容简单，道理深刻，单线索展开故事发展，并贯穿到底，没有过多的"枝蔓"情节。孩子们听到农夫每天都坐在树桩下，就开始七嘴八舌地讨论起来，这样做不对，接着老师可以进一步引导追问："为什么？"使得故事的道理根植孩子心中：做任何事情不能不劳而获，要付出努力，才会有收获。

主题3　讲好幼儿故事的道具使用方法和技巧

导语

　　利用道具或其他一些辅助物来展示故事，可以把故事讲得更为生动多彩。有些故事特别适合使用道具，特别是讲给幼儿听的、在重复中推进的短小故事。有时候在一些故事当中，利用一个简单的道具就可以达到奇妙的效果。在一些特殊的情况下，幼儿教师给幼儿讲故事的时候用到一些道具，这些道具可以起到以下至关重要的作用：激发好奇心，帮助幼儿集中注意力，为故事增添艺术氛围，让故事以不同的方式呈现。

一、道具在故事教学中的作用

　　故事是适合幼儿年龄特点、激发幼儿阅读兴趣、促进其进行阅读活动的最有效载体。因此，在幼儿教师对幼儿实施教育的过程中，故事是最常用的工具。而要让幼儿爱上故事，教师讲故事的口头语言和肢体语言固然重要，适当地借用道具则也可以为故事的讲述增光添彩。

　　道具是故事讲述中所用的家具、器皿以及其他一切用具的通称。利用好道具可以加深幼儿对故事的印象，可以让故事形象传达的信息更深地印在幼儿的心中，也可以帮助幼儿教师将一些只能意会不能言传的道理间接传达出来。道具是讲故事的"神器"，它可以依据故事内容和故事情节而随时"变身"，灵活运用。

1. 道具是教师与幼儿积极互动的载体

道具作为教师的教学工具，也应该是幼儿的学习工具，通过幼儿的参与、操作，师幼发生互动，会激发幼儿主动学习的意愿。它不应该只是实物的呈现，教师的语言提问、动作表情的变化、语音语调的不同，也可以协助孩子完成预设的活动目标。

2. 道具为幼儿提供了大胆表现的舞台

在复述故事中，教师们可以利用角色表演来增强幼儿对故事的理解和记忆。通过有效地运用道具，扮演他们喜欢的角色，可以缓解幼儿的紧张、不安，能够克服心中恐惧，能够大胆开口讲话和表演。所以，在故事教学中教师们需要特别关注：要给幼儿提供一个轻松的、大胆展现自我的平台，满足他们的求知欲、表现欲。

例如，将废弃的酸奶箱插在一起，变成一个大大的圆形舞台，放在语言表演区。每个孩子都可以站到上面，大胆讲述学过、听过的故事，这不仅能锻炼幼儿的胆量，提升语言表述能力，还能满足他们的表现欲，为他们提供展现自己的机会和舞台。

3. 道具中蕴含着幼儿可参与的线索

由于故事都是有一定情节性的，我们要帮助幼儿理解故事，自己发现隐藏的线索，就需要有道具来辅助。如与教学内容匹配的背景图片、动物头饰、角色手偶、提示卡、与故事相关的实物等，这些都能帮助幼儿找出故事中隐藏的主要线索，进而理解故事中蕴含的道理。

二、道具的种类

道具一般分为静态道具和动态道具。

其中，静止不动的物品，如建筑物、桌椅、毛绒玩具、学习用品、水果等这些静态道具，用于故事的讲述中，可以帮助教师展示故事内容，让故事更为生动多彩，更具真实性，可以极好地激发幼儿的兴趣。

1. 静态道具

静态道具因其静止不动的特点，在故事讲述中，按它们的用途可以分为以下三种。

（1）展示道具。这种道具实际上就是结合故事内容制作或选择的一些静态物品，用以创设故事背景，辅助说明故事中的情节，使幼儿产生情境感，进而帮助幼儿理解故事内容。比如桌椅、沙发、柜子、屏风等大物品，电话、瓶、杯、食物、小工具等小物品。

（2）金属类。此类道具一般是带磁条的物品，比如小汽车模型等，后面贴上磁力贴，可以固定在某一处，作为背景。

（3）其他类。其他类包括木质道具，最为直观的就是教室内的桌椅、书架，有时也可以是根据故事需要制作的一些物品，如扇子等；还包括塑料制作的用具，如一些玩具。

2. 动态道具

动态道具，顾名思义，就是道具是可以动的，即幼儿看到的是活动的物品或工具。动态道具的种类也很多，一种是由静态道具发展而来的，另一种就是多媒体。

如何理解静态道具演变为动态道具呢？就是利用静态道具，比如卡片、布偶，借助于一定的工具让其活动起来，静态道具就变成了动态道具。这种道具包括可以套在手上的布偶，可变换的立体变景屋、自制故事翻页卡等。

（1）卡片变形。这种动态道具是用卡片组装，然后利用一些简单的设备，让卡片以活动的形式出现，以此展现一种动态的故事效果。

如故事翻页卡。

（2）废旧物品活用。插入式道具的原理和故事翻页卡的原理基本相同，不同之处在于它是利用静态的废旧物品进行设计制作的，进而成为动态道具。

（3）卡片和废弃物的结合。将卡片和废弃物品巧妙地结合、组装成的道具，同样可以营造动态的效果，让故事形象逼真。如故事轴。

（4）桌面物活动。除了以上三种形式可以让静态道具变活，巧妙地利用幼儿玩具，也可以让静态道具成为动态道具。比如沙盘、积木等。沙盘就是利用幼儿的桌面静态道具，让其活动起来制作而成的。

动态道具中最为直观的是多媒体演示。多媒体可是一个宝贝，借助它可以营造出声音、画面，甚至故事的背景，这可真是名副其实的"动"。借助多媒体，教师可以找到相应故事的动画片加以播放；可以依据故事内容，自己制作动画后播放；可以在讲故事时配上背景音乐；等等。

（1）多媒体课件。教师可以提前依据故事内容和情节，制作相应的角色或背景图片，利用动画软件制作成动画效果，用以讲述故事。

（2）幼灯片演示。教师还可以依据故事，寻找故事中的形象、背景或相应的物品图片，制作成幻灯片，然后在讲故事的过程中，随着故事的讲述一一展示，激发幼儿的兴趣。

除了这两种，多媒体动态道具还包括教师用手机拍摄的小视频等。总之，一切以动态的形式出现的画面或影像，只要与故事内容相符，选择恰当，都可以成为教师讲故事的道具。

三、静态道具使用技巧

讲故事或进行故事表演时，有时需要一些静态道具辅助故事讲述，如：头饰、胸卡贴、手贴等。如果出现的角色一贯到底，故事线索简单明了，或角色数量在三个左右，就可以考虑采用头饰、胸卡贴或手贴，以便于幼儿区分角色，理解故事内容，减轻记忆负担，增加趣味性。

故事《三只蝴蝶》，三只蝴蝶形象靓丽，在故事表演时可以请幼儿佩戴三只蝴蝶的头饰分别扮演红蝴蝶、黄蝴蝶和白蝴蝶，使得故事角色清晰可辨、代入感更强。

故事《小猪奴尼》，整篇故事都是小奴尼的主场，在讲述故事时，可以为幼儿准备一个小猪奴尼的胸卡贴，让孩子明确角色定位。这样会增加故事讲述的活泼俏皮感，会让孩子很快融入扮演的角色之中，跟着小猪奴尼一起嬉戏玩耍。

故事《小花猫种鱼》，小花猫听黄牛伯伯说"种瓜得瓜，种豆得豆"，非常兴奋。急急忙忙跑回家，拿来了锄头、挖了许多坑，要把钓来的小鱼全部都种在坑里。讲述故事前，讲述者在地面上为孩子们准备好一串"小鱼"的道具（用绳子将各种小鱼的图片穿成一串），当故事讲到"小花猫挖了许多坑，把钓来的小鱼全部都种在了坑里"，很自然、很形象地拿起一串小鱼，直接放在"坑"里，这个道具会形象勾勒出小花猫种鱼的过程和场景，孩子们都特别喜欢。

故事《老鼠嫁女》，老鼠妈妈为了宝贝女儿能嫁给世界上最有本领的人，到处去寻找。在和"天""云""风""墙"的对话中，简单重复着几乎相同的话语。在讲述故事时，可以设计"天""云""风""墙"的角色手贴，随着故事情节的变化，当出现不同角色时，快速地变换着角色手贴，让孩子们在趣味、形象中体验故事带来的惊喜，减轻孩子记忆的负担，便于轻松记忆情节。

有的故事需要提前布置一些相关的场景来烘托故事的气氛，如情境性背景、投影屏背景等。故事《捉迷藏》，讲述故事前可以选择在活动室内或室外场景中，提前布置一些道具，如大树、草地、栅栏、小房子等背景。随着故事情节的发展，教师和孩子们在场景中进行互动或表演，讲到开始藏起来的时候，快速找一个场景躲藏起来。在趣味的躲猫猫游戏中，和故事中的角色一起感受捉迷藏的快乐。

对于静态的教学道具、场景性背景道具，教师可以和孩子们一起动手利用一些废旧纸箱等材料进行设计制作，在故事讲述、复述、表演时使用。孩子们使用自己设计制作的道具布景，兴趣会更加浓厚，心情会超级棒！

四、动态道具使用技巧

在为幼儿讲故事的过程中，有时也需要活动的、有声响的、动态的道具配合使用。如木偶、手偶、故事围裙、活动插卡、多媒体课件、背景轻音乐等。故事《拔萝卜》中，角色随着故事的发展逐渐增加，讲述者可以采用穿着故事围裙讲故事的方法。故事围裙上有草地、大树、萝卜叶子等固定背景，边讲故事边不断出示形象插卡，增加"老奶奶""小姑娘""小花狗"等角色。随着故事不断展开，故事围裙越来越丰富，故事场景、故事所有角色都会清晰地出现在故事围裙的背景中，一目了然，便于孩子理解与记忆。

幼儿对于声音、色彩、形状等都非常感兴趣，根据故事需要，讲述故事时，可以配合播放多媒体动画背景课件、音乐或特殊音响，以增强故事的表现力，渲染气氛。需要注意的是讲述者一定要根据情节发展适时播放，以恰如其分地烘托故事要表达的情感，使幼儿产生共鸣，产生情绪体验。

讲述故事《狼和小羊》，故事一开始讲到"一只小羊在河边喝水，狼看到了"，对于很多城市的孩子来说，从上游流淌到下游的小河在生活中没有接触过，没有清晰的概念。老师可以一边形象生动地讲述故事，一边使用多媒体背景课件，随着故事的情节播放小河哗哗流淌的场景，会让孩子仿佛置身小河边，从而更好地跟随故事讲述进入情境之中。

讲述故事《拔萝卜》，可以在老爷爷、老奶奶、小姑娘、小狗、小猫、小老鼠等角色逐一出场的时候，轻声播放《拔萝卜》的歌曲作为音乐背景，配合故事的讲述。如此孩子们很容易在欢快的音乐节奏中体验拔萝卜的快乐感受，起到烘托气氛的作用。

讲述故事《噪音国》最后一段时，国王宣布"5、4、3、2、1"倒计时，当"1"说完后，竟然出乎意料的全国都安静得悄无声息，"好安静呀，噪音国几百年来，从来没有这么安静过。小王子第一次听见了小鸟叽叽喳喳的歌声，听见了山泉淙淙流淌的声音，听见了风吹过树林发出沙沙的声音……小王子一下子就喜欢上了这静美的大自然。"这一段故事讲述时，配合讲述者在"小王子第一次听见了……"适时加入舒缓的轻音乐作为故事背景，当班得瑞的轻音乐《清晨》伴随老师的柔声细语响起，林间空灵的鸟鸣声、潺潺流水声，顿时将故事中静美的大自然的氛围烘托出来，画面感在音乐背景的烘托中非常美妙。孩子们一下子就会被这美妙的音乐吸引，和噪音国顿时形成鲜明的对比，让孩子们在对比中、在感悟中也喜欢上了这静美的大自然。

知识拓展

幼儿故事赏析

狼和小羊

一只小羊在河边喝水，狼看到了，很开心。因为是一只小羊，狼知道它逃不出自己的狼爪，所以也不着急吃掉。这样的情形下，往往有一种玩耍的心理，就像猫捉到老鼠，也有这种心理，总要逗玩一会儿，捉住再放掉，再捉住，纯粹为了好玩。

于是狼跑到河的上游，假装喝口水，然后恶狠狠地说："我说小羊，你把水弄脏了，这让我怎么喝，你是存心想渴死我吧，你太坏了，我要吃掉你。"

小羊战战兢兢地辩解说："你在上游，我在下游，这水又不会倒流，怎么就脏了？"

狼看看脚下，才明白站错了位置，又想出一个借口："去年你骂过我，同样该死。"

小羊可怜巴巴地说："去年我还没出生呢。"

狼没耐心了，咆哮起来："别说了，谁让你是羊，羊天生就是被狼吃的。"

赏析

这个故事告诉我们，和恶人讲道理有什么用呢？他把白说成黑，将鹿指为马，怎么都能说，所谓"欲加之罪，何患无辞"，还不如早点儿想想办法。

主题4　讲好幼儿故事的对话、独白、旁白使用方法和技巧

导语

　　好的故事，离不开对话、独白和旁白。正是由于对话、独白和旁白的存在，才让故事形象生动、引人入胜，才让讲述者能引导听者产生更多的联想，使之与主人公产生情感上的共鸣。如何利用对话、独白和旁白，将故事讲得生动，激发幼儿的兴趣，引导幼儿思考和学习，需要幼儿教师掌握一定的方法和技巧。

一、对话、独白和旁白的作用

　　通常情况下，故事中少不了对话和独白，前者将故事中各个角色联系起来，表明人物的性格特征；后者道出人物的内心世界，将隐秘的一面展示在读者面前。因此，幼儿教师讲故事，还要善于运用对话、独白，提升故事的表达效果。

　　1. 对话的作用

　　对话，即故事中人物之间的交流。它在故事中发挥着刻画人物形象的独特作用。对话依据交流展开，因此形式多种多样，一般包括两个人的对话、几个人的对话，甚至包括一个人的对话。

　　具体来说，故事中的对话的作用，表现为如下几点。

（1）表现人物性格。好的故事中，无论故事中涉及几个人物的对话，每个人物的说话风格都是不同的。好故事中的人物各具风貌，每个人物都有自己独特的说话风格、待人处世的方式。比如脾气暴躁的人和性格沉稳的人，说话方式肯定不同。从对话描写中，我们就可以了解到人物的性格、身份、社会背景、职业等信息。因此，评价一篇故事的好坏，人物的对话描写是重要的标准之一。

（2）烘托并展现人物的情绪和内心世界。无论是双人对话还是多人对话，甚至一个人的对话——独白，都可以展现出人物的喜怒哀乐，凸显人物当下的情绪，让读者深入每个人物的内心世界之中，进而用其情绪的波动，影响读者的内心，增强故事的代入感。

（3）铺设线索，推动情节发展。对话能够向读者展示当下的剧情信息，推动情节的发展和冲突的爆发。人们在说话的时候，总是带着或明或暗的动机，有的是为了拉近关系，有的是为了获取信息，有的是为了解决矛盾……这样不同的动机，就使得对话为后续的故事发展提供了一些线索，让读者在这些线索之中去思考，进而投入自己的感情，增强故事的吸引力。

（4）设置悬念。对话要有悬念，让读者思考，产生好奇心。好的故事中的对话，一般会设置一些潜在的线索、埋伏笔，以引导读者猜测和思考，吸引他们的注意力，激发读者不断看下去的欲望，让读者脑海里产生"然后怎么样了"的疑问，让读者在猜测和思考的同时沉醉于故事的情节中。

因此，有趣而富有悬念的对话可以激发读者的好奇心，让读者的注意力不断地被故事牵引。

2. 独白的作用

独白是对话的一种，之所以将其单独介绍，是因为独白是以自言自语的形式，揭示人物隐秘的内心世界的语言。它能充分地展示人物的思想、性格，使读者更深刻地理解人物的思想感情和精神面貌。在故事中，独白的作用不可低估。

独白作为故事语言的重要组成部分，充分了解、运用它，对教师欣赏和鉴别故事，讲好故事有着重要的作用。

首先，独白作为故事中人物内心所思所想的一种语言的自然流露，既可以起到交代故事情节的作用，也可以帮助读者更好地理解人物的形象。

其次，独白将故事的主人公或其他人物的内心活动用语言的形式尽情地、毫无隐蔽地、完全公开地展示在读者面前，可以清晰地揭示人物最隐秘的内心世界，使读者能解读人物的思想、性格，从灵魂、心理的层面去理解人物的思想感情和精神面貌。

最后，独白可以推动故事情节的发展，让欣赏者跟随着人物的内心挖掘故事的思想，使故事内容更加饱满，使故事中的人物更加"有血有肉"。

3. 旁白的作用

旁白是叙事者或者讲解者的声音。在不同的文学作品中，旁白的作用和表现形式不同。在戏剧中，旁白是指故事角色背着台上其他剧中人对观众说的话，声音发出者出现在观众面前；在影视作品中，旁白是解说词，是由画面外的人声对影片的故事情节、人物心理加以叙述、抒情或议论。

旁白在文学作品中所起的作用，与其表现形式有着一定的联系。具体来说，表现为如下几种形式，每一种形式又有着各自不同的作用。

形式1：话外音。

这种形式的旁白用在作品的开头，交代故事发生的时间、地点以及时代背景、社会环境等。比如一些故事的开头会说"很久很久以前""故事发生在远古时期的日本"……

形式2：第三者。

这种形式的旁白，是将故事和场景联系起来，将读者或观众带入故事中，引导读者或观众进入故事的主人公所处的情境。如"我认识小猪乐乐是在朋友家，那时的乐乐刚被朋友收养……"

形式3：推动情节的旁白。

这种形式的旁白，多以记叙或议论、抒情的方式出现，用于推动故事情节的发展，引导读者或观众了解故事的主人公在故事中所处的境地，以便为故事后面的情节创设更好的效果。如，"就这样，可怜的乌鸦白白丢失了香喷喷的肉，而那只狐狸则兴高采烈地回家和孩子们分享美食去了。"

形式4：暗示介绍的旁白。

这种形式的旁白是为了对人物做简要介绍，对人物的心理活动做必要的暗示。如，"从前，有一个穷寡妇，带着两个女儿住在离森林不远的一所孤独的农舍里。勤劳善良的寡妇在农舍前开辟了一个小花园，园子里种了两株玫瑰树，一株开白色的玫瑰花，一株开红色的玫瑰花……"

二、对话、独白的使用方法和技巧

好的故事离不开生动有趣的情节、各具特色的人物形象，这些不同的人物会有不同的说话风格，同一个人物也会因为处于不同的情境下产生不同的情绪，于是会说出不同风格的语言。因此，幼儿教师要讲好故事，就要抓住对话、独白，掌握其方法技巧。

1. 设身处地，换位思考

要把故事的人物对话讲得绘声绘色，首先就要理解说话人当时的内心想法，把握人物的性格特点。因此，教师要将自己当成故事中的人物，设身处地去体会人物的感觉，想一想如果自己处在当时的情境下，是怎么想的，会怎么说。

（1）揣摩心思，讲好独白。故事的独白，是人物内心的写照，是人物对听者展示自己内心想法的文字。讲故事时，教师要讲好人物的独白，就要揣摩人物的心理。

眼泪的池塘（节选）

"奇怪啊奇怪。"爱丽丝喊道，她那么惊奇，霎时，竟说不成话了，"现在我一定变成最大的望远镜里的人了。再见了，我的双脚！"她俯视自己的脚，远得快看不见了。"哦，我的可怜的小脚哟！谁再给你们穿鞋和系鞋带呢？亲爱的，我可不能了，我离你们太远了，没法再照顾你们了，以后你们只好自己照顾自己吧！……但是我必须对它们好一些，"爱丽丝又想道，"否则它们会不愿走到我想去的地方的。对啦，每次圣诞节我一定要送它们一双新的长筒靴。"

这是《爱丽丝漫游奇境记》中《眼泪的池塘》节选的一段内容。我们可以看到，节选的内容全是爱丽丝的内心独白。要将这一部分讲好，就需要联系故事的上下文，揣摩此时爱丽丝的所思所想，一方面她特别惊讶，惊讶于所见到的一切；另一方面，她还略有担心。在读的时候，就要对应着语句，将这两种情绪表达出来。

（2）理解情境，说其想说。人物的对话，不但因为人物身份、性格的不同而不同，也会随着情境的变化而发生变化。换言之，就是在什么时候说什么话，在什么状况下用什么语调。

寻找太阳的汉克（节选）

不一会儿，太阳越升越高，一闪一闪的太阳光洒向大地，很快气温也随之升高了不少。

"天气怎么越来越热了呢？"小黄猫终于忍不住了。

"再忍一下，它们应该……待不住了。"大黄猫抹了把汗，喃喃自语道。

眼看着太阳越来越大，小黄猫按捺不住性子了，它俯身从上面往鼠洞里张望，可是里面黑漆漆的一片，一点儿动静都没有……

"或许我们应该去其他地方看看才对。"

"没错。"两只黄猫狼狈地拖着水桶，"喵"的一声走了。小灰鼠汉克的家保住了。

这是从《寻找太阳的汉克》这个故事中节选的一部分对话，对话的双方是大、小两只黄猫。联系两只猫所处的情境，可知它们是在气温不断升高的情况下展开的对话。于是在读的时候，要注意小黄猫的语言中饱含不耐烦和急切，大黄猫的语言中饱含劝慰和希望。讲到这段对话的时候，就需要将对话中的感情表达出来。

2. 研究和模仿

在讲故事的时候，要将对话和独白讲好，还要注意多研究和模仿。因为故事来源于生活，故事中的形象，无论动物、植物还是神话人物，它们的身上都寄托着人的情感，因此都可以在现实生活中找到类似的人物。要想在讲故事的时候让对话和独白切合人物的身份、特点，就要注意研究和模仿。

（1）研究人物的身份。不同身份的人，说话是不同的。这是因为他们所处的环境不同，决定了他们的语言表达方式不同。因此，要让对话符合人物的身份，就可以观察此类身份的人平时的说话特点。一般来说，教师说话会语重心长，大多带着说教的特点；妈妈在对孩子说话时比较温柔，爸爸则相对严厉；爷爷奶奶对儿孙都比较温柔、宠溺；警察和军人比较威严……抓住不同身份的人的说话特点，讲到故事中的对话时就可以形象逼真了。

"哇，这可真是神奇的蛋糕，谢谢爷爷。如果每一年都有这么神奇的蛋糕就好了！"小公主从没见过这么神奇的蛋糕。

"会有的，小公主，爷爷会送你三件礼物。"爷爷说。

"谢谢，爷爷。但是我可以自己要剩下的两个礼物吗？"

"可以。"

"第二个礼物，我想在我生日庆祝的最后一天，爷爷能给每个孩子一个礼物。"

"爷爷答应你。还有呢？"

"还有，爷爷……我想……"小公主看着爷爷，不说话了……

上面这段对话中，可以看到两个人物的身份，一个是小公主，另一个是爷爷。很显然，讲这段故事时，在讲到爷爷的话时，就要体现祖辈对孙辈的纵容和宠溺；而讲到小公主的话时，就要体现出小孩在长辈面前的撒娇状态。

（2）研究人物的年龄。不同年龄的人，所思所想、说话的方式也不一样。因此，除了要注意人物的身份，还要注意人物的年龄。在讲故事时，就要注意依据年龄特点来说话。通常，老年人的声音是慈祥的、低沉和缓慢的；叔叔阿姨、爸爸妈妈的声音多为沉稳、语重心长、充满怜爱的；年龄小的孩子说话时多活泼可爱、单纯、灵活、稚嫩、语速稍快。

一条老猎狗年轻力壮时从未向森林中任何野兽屈服过，年老后，在一次狩猎中，遇到一头野猪，它勇敢地扑上去咬住野猪的耳朵。由于它的牙齿老化无力，不能将野猪牢牢地咬住，野猪逃跑了。主人跑过来后大失所望，痛骂了它一顿。

年老的猎狗抬起头来说："主人啊！这不能怪我不行。我的勇敢精神和年轻时是一样的，但我不能抗拒自然规律。从前我的行为受到了你的称赞，现在也不应受到你的责备。"

讲这个故事的时候，对于猎狗，要紧扣是一只年老的猎狗，说话应该是低沉而缓慢的，当然也要考虑情境和心理——猎物跑了，内心沮丧，所以对话还要表现出沮丧。

（3）研究人物的属性。明确了人物身份、年龄之后，还要注意人物的属性——善恶好坏。这是因为幼儿故事中多是动植物，而动植物又是拟人化的，因此故事中的形象在说话时除了要有人的特点，还要有善恶对立的特点。所以要注意坏人的对话要读出狡猾或者凶狠的特点，好人的语言则要读出义正词严的特点。

狼在角落里坐着，它的硬硬的灰色背脊躲在那儿正合适，它露出可怕的牙齿，竖起硬毛，瞪着眼睛，好像当场就能把大家吃掉似的。然而，跟猎狗们打交道，可得放聪明点儿，可不能来这么一手。总而言之，这是十分明白的，今儿个夜里可没有不花钱的羊肉好吃。狡猾的老狼觉得应该进行谈判，它油嘴滑舌地开口说道："我的朋友们，何必这样吵吵闹闹呢？我是你们的老朋友，你们的长久失掉联络的同胞兄弟！我是来签订和约的，你们何必这样气势汹汹呢？让我们大家把往事一笔勾销吧，我们来订个同盟，我不光是不再来惊动你们的羊群，而且情愿替羊群打抱不平，我们狼有的是信用，我发誓……"

"对不起，可没有那样便宜的事儿。"管理猎狗的头儿打断它的话，说道，"如果你是灰色的，我可是白发苍苍了。我老早有根有据地看透了狼的本性，我对付狼的办法已经屡试不爽：绝对不跟狼讲和，除非把它的皮撕掉！"

在这段故事中，很明显，对于羊而言，狼就是恶的，管理猎狗的头儿则是善的。因此，在读到这段内容时，对于狼的语言就要读出狡猾的特点，而对于管理猎狗的头儿的话，则要读出充满正义、毫不留情的特点。

总之，要在讲故事中读好人物对话和独白，就需要在平时多研究、多学习、多模仿，就需要在讲故事之前做好功课。这样一来，才能吸引幼儿，为他们讲出一个个动听的故事。

三、旁白的使用方法和技巧

旁白在故事中，不但可以介绍人物、故事背景，而且可以推动故事情节的发展，引发读者的深思。教师在讲故事的时候，也要学会巧用旁白，吸引幼儿。

1. 依据旁白的作用调整语气语调

旁白在故事中的位置不同，起的作用也不同。而这些不同的作用，就要求教师在讲故事时，依据旁白的作用读出不同的语气语调。

（1）背景式旁白。这是多用于读交代故事发生的时间、地点以及时代背景、社会环境等的旁白。这样的旁白，旨在引起听者的注意，多用于故事的开头，因此在读的时候要依据故事内容，在叙述的语气中，结合内容调整语调。

孔雀公主与傣族王子（节选）

1000多年前，奔流不息的澜沧江边，盛开着101朵花；茫茫的大森林里，有101个国家。在这101个国家中，最美丽、最富饶和治理得最好的是勐董板，即人人都向往的孔雀国。据说，孔雀国位于茫茫森林边缘，那里的山最绿、水最清、花最香，人也长得最漂亮，并且每个人都有一件孔雀羽衣，穿在身上便可以飞。在这个国家里，人人有事做，个个有饭吃，没有吵架，没有盗窃；大人知书达理，小孩天真活泼，村村寨寨和睦相处，官家百姓都以善待人，这样美的地方，谁不称赞，谁不喜欢，谁不向往！

这是《孔雀公主与傣族王子》这个故事的开头一段的旁白，介绍了孔雀国的概况。从内容上看，这是一个人们安居乐业的地方，而且是距离我们比较远的地方。在读这段旁白时，就要用缓慢但温和的语气，到了后面注意略抬高语调，表现一种欢快的心情。

（2）议论或抒情式旁白。这样的旁白，旨在用于推动故事情节的发展，引导读者或观众了解故事的主人公在故事中所处的境况，以便为故事后面的情节创设更好的效果。因此，讲故事时，教师可以依据旁白的内容，运用不同的语调，如果是批评的议论或抒情，就要语气严厉或讽刺；如果是表扬或赞扬的议论或抒情，语气就要欢快，语调要高。

爱情的力量最终战胜了邪恶势力，失散的夫妻又团圆了。此时，满天彩霞。孔雀国的所有男人都为纯洁的爱情而欢呼，所有姑娘都为夫妻团圆而起舞。在孔雀国住了一段时间，召树屯便告别岳父岳母和孔雀国的所有臣民，带着妻子回到了勐板加。不久，国王去世了，召树屯当了新的国王，他治国有方，勐板加年年风调雨顺，丰衣足食，全勐的百姓都说，这都是美丽善良的孔雀公主带来的。

这段旁白就是议论和抒情相结合的，而且表达了人们欢快的心情，因此读到这里时，注意语调要欢快而高昂。最后一句要意味深长，强调孔雀公主对人们的贡献。

2. 巧用旁白促进幼儿思考

为幼儿讲故事时，如果教师一味地讲，并不一定能完全吸引幼儿。毕竟幼儿的注意力是有限的。因此，巧用一些旁白，能有效地激发幼儿的兴趣，让他们能集中注意力听故事。教师在讲故事的过程中，依据进程，巧妙运用旁白，可促进幼儿思考。

（1）开头部分。故事的开头，要吸引幼儿的注意力，教师可以从故事内容出发，巧妙地设计旁白。首先，如果故事本身开头的旁白比较精彩，可以吸引幼儿，就可以保留；如果故事本身的开头不具有吸引力，那就可以针对故事内容设计旁白。一位教师要为幼儿讲爱因斯坦制作小凳子的故事，就设计了这样的旁白来开头：

小朋友们，你们喜欢做手工吗？你们以前做过什么呢？你们对自己制作的东西满意吗？有一个叫爱因斯坦的人也像你们一样喜欢做手工。他啊，曾经做了几张特别丑陋的小凳子，你们想知道他是怎么做的吗？下面，老师就为大家讲一讲这个故事。

在这里，教师结合幼儿的年龄特点，从故事内容出发，设计了这样的旁白，不仅将幼儿的注意力吸引到故事上，还能让故事和幼儿的生活联系起来，有效激发幼儿听故事的兴趣。

（2）中间部分。在故事的讲述过程中，尤其是较长或较平淡的故事，就需要教师设计一些旁白，让幼儿能保持注意力和兴趣，为此，教师除了针对幼儿选择故事之外，还要注意在故事的中间巧妙运用旁白。

第二天，爱因斯坦交给女教师的是一个制作得很粗糙的小板凳，一条凳腿还钉偏了。满怀期望的女教师十分不满地说："你们有谁见过这么糟糕的凳子？"同学们纷纷摇头。老师又看了爱因斯坦一眼，生气地说："我想，世界上不会再有比这更坏的凳子了。"教室里一阵哄笑。

这位教师，在讲爱因斯坦和小凳子的故事过程中，面对上面的情节，设计了这样的旁白："你们知道爱因斯坦是怎么做的吗？如果是你，你可能会怎么做呢？"于是，幼儿就会有意识地控制自己的注意力，让思维跟上故事情节的推进，边听边想。

（3）故事结尾。一个故事讲完时，怎么收尾，才能发挥故事对幼儿的教育作用呢？这同样也需要教师巧妙地运用旁白。教师可以依据故事的内容和讲故事的目的，在结尾时用旁白引发幼儿的思考，或促进幼儿表达，或引导幼儿表演……从而达到发挥故事教育作用的目的。

小猪苗苗

从前，森林旁住着一只小猪，名叫苗苗。

一天，苗苗在森林里散步，走着走着，便迷了路。

天渐渐地黑了，苗苗心里很害怕。这时，老黄牛经过这儿，苗苗急忙问："大笨牛，快告诉我怎么才能走出森林？"

大黄牛说："你说我笨，你自己去找呀！干吗来问我呀？"边说边生气地往前赶路。

苗苗又看见狐狸，叫它"狡猾的狐狸"。狐狸听了气得要命，就指了条错路。就这样，苗苗绕来绕去，一夜也没有走出森林。

在这个故事的结尾，一位教师设计了这样的旁白："小朋友，你知道小猪苗苗走不出森林的原因吗？如果是你，你会怎么帮自己走出森林呢？"这样的旁白，促进幼儿思考故事中人物的言行，帮助幼儿在学习中提升能力，从而达到以故事育人的目的。

知识拓展

幼儿故事赏析

狐狸与放大镜

大家都知道，老虎是森林之王。有一段时间呢，老虎身体不适，请来了狐狸代行动物王国的国王职权。

这个狐狸总是在脖子上挂着一个放大镜，其他动物们就经常在背后猜测狐狸脖子前挂的是什么东西。

公鸡说："我觉得是一个项链，显示他很富有。"

小白兔说："我倒觉得是为了炫耀他的荣誉，而挂的一个奖牌。"

有一天，狐狸带着脖子上的放大镜下山视察。森林里的动物们纷纷想借此机会，仔细看看狐狸脖子上挂的是什么东西。狐狸把小白兔喊来，拿起放大镜把小白兔全身上下都照了个遍。狐狸说："啧啧啧……小白兔啊小白兔啊，原来以为你像名字一样是最洁白的，但为什么你身上有好几根杂毛呢？你这样对得起小白兔的名称吗？你赶紧拔掉杂毛，顺便再写一份检查交过来！"

小白兔这才明白过来，原来狐狸脖子上挂着的是专门用来寻找别人缺点的放大镜。大家听到小白兔挨批了之后，都对狐狸敬而远之。

　　没过几天，狐狸又碰到了小鸭子，他立刻大喝一声，说："喂！小鸭子，你过来！"小鸭子不情愿地走过去。狐狸又用放大镜把小鸭子身上也照了个遍，然后对小鸭子说："我说你走路怎么老是大摇大摆的，你太肥了你知道吗？以后不可以多吃了！"小鸭子莫名受到了狐狸的指责，委屈地走了。

　　小猴子听说了小白兔和小鸭子的遭遇，很是生气。他找到狐狸说："尊敬的代国王陛下，你的放大镜为什么只忙着看别人的缺点呢？难道你就一点儿缺点都没有吗？请你用放大镜仔仔细细地看看你自己吧！"

　　狐狸听完大发雷霆："你竟然敢顶撞我，我要每天都用放大镜把你照个遍！"小猴子根本不理会狐狸，反而一把夺过狐狸的放大镜，把它摔了个粉碎，随后蹿上了一棵大树。

　　狐狸气急败坏，可是却没有一点儿办法，只好捡起破碎的放大镜暗自伤心。而森林里的很多动物都远远地看着狐狸，他们高兴地欢呼了起来。

赏析

　　故事里的狐狸脖子上挂的原来是放大镜啊，这是专门用来寻找别人缺点的东西，所以大家都非常的不满，后来小猴子直接抢过这个放大镜摔了个粉碎。这个故事让幼儿知道，其实我们每个人的眼睛都可以变成一个放大镜，我们能用它发现身边的真善美，区分假丑恶；我们更能善用这个放大镜，时刻发现并改正自己的缺点，成为更优秀的自己！

主题5　讲好幼儿故事的提问使用方法和技巧

导语

　　在给幼儿讲述故事时，提问是完成教学任务的重要手段。科学的提问能激发幼儿的活动兴趣，启发想象思维，引导操作实践，促进幼儿思维和创造力的发展。幼儿教师的提问不仅是一门技术，更是一门艺术，幼儿教师只有掌握了一些设置问题的技巧，教学活动才会变得更加生动和精彩。

一、讲述故事时要设计启发性的提问

　　在讲述故事的过程中或讲述故事后，教师可以运用提问的技巧组织幼儿讨论，帮助幼儿理解故事，加深对故事的印象，拓展故事相关经验。问题可以根据故事的内容，可以根据故事情节的发展，可以根据故事中的好词好句，也可以根据故事的主题情感等来设计。提问设计应注重启发性的特点，引导并增强幼儿积极参与故事活动的兴趣，通过提问能激发幼儿感知、理解和想象，培养幼儿完整讲述故事的能力，帮助幼儿理解故事中语句的构造、丰富并积累优美词句，养成全神贯注倾听故事的好习惯。

　　为幼儿设计的提问应具有启发性，可以根据故事情节发展提前设计，预测讲故事过程中可能出现的问题；或根据讲述故事时幼儿的现场反应，围绕幼儿的"经验点"或"兴趣点"设计问题。教师运用启发性提问、机智的点拨和激发幼儿联想的讲述，引导幼儿积极、主动、大胆地探索，建构自己的知识框架，促进幼儿思维和想象力的发展。

启发性提问的语言尽量带有开放性，给幼儿留下思考与感受的空间；提问的语气是充满柔情和期待的，让幼儿有参与的愿望；提问的节奏要快慢有致、疏密有节，给幼儿提供充足思考的时间等。

启发性提问要根据故事设计问题，要根据年龄设计问题。常见的设计有描述性问题、思考性问题和假设性问题三个层面。

1. 设计描述性问题

根据故事讲述对象的特点，可以在讲述前或讲述后，设计一些描述性提问。加深幼儿对故事的印象，帮助幼儿了解故事的大致内容。故事《会打喷嚏的帽子》，教师可提一些描述性提问，如"故事的名字叫什么？""故事中有谁？""帽子会打喷嚏吗？"等。引导孩子带着问题听故事或回忆故事的内容，通过思考、回答，加深对故事的印象。故事《谁的本领大》，设计的描述性提问如，"到底谁的本领大呢？""故事里谁和谁比本领大呢？"等。通过引导孩子有重点地听故事，最后在回答问题的过程中明白："梅花鹿能过河，可是不会爬树，猴子能爬树，可是过不了河，它们各有各的本领，只有互相帮助，才能摘到果子，本领也就更大了。"在描述中，提高幼儿语言运用能力。

2. 设计思考性问题

有些故事篇幅较长，可根据故事情节变化，采用分段讲述、设计思考性问题并进行讨论的方式。思考性的问题能培养幼儿思辨和表达能力，可以帮助幼儿更好地了解故事内容、记住故事情节、理解相关词汇。通过小组讨论、展开辩论等形式，给予幼儿充分回答问题的机会，要肯定幼儿不同的答案，鼓励幼儿说出"为什么"，培养幼儿积极思考的好习惯。

例如故事《小公鸡吹喇叭》，设计思考性问题，如"小公鸡为什么要学习吹喇叭？""小公鸡学会吹喇叭了吗？""这是一只什么样的小公鸡？你喜欢它吗？为什么？"等，引导幼儿理解故事的主题、角色性格和心理特征，学会一些好的句段或对话。

给幼儿讲故事也是一个相互交流与分享的过程，讲到故事的关键之处，也可以停顿下来，提个思考性的问题，让幼儿猜想接下来的情节发展或结局。例如故事《猜猜我有多爱你》，大兔子和小兔子之间关于爱的表达方式各不同，他们之间的对话模式相似，便于幼儿动脑筋思考接下来发生的情节与他们之间爱的对话，从而进行合理推理和猜测。根据故事中重复性的对话特点，提醒和点拨幼儿对情节进一步猜测，有效启发幼儿自己动脑筋推进故事情节、猜想与验证结局，调动孩子们和老师积极互动的愿望和兴趣。

3. 设计假设性问题

有些故事不适合中断插问，否则会影响幼儿听故事时情节的连贯性，这时可以采用一些假设性的问题进行后续提问或追问。结合故事，教师可以运用假设性问题组织幼儿讨论，帮助幼儿理解故事中的语言、情节、人物形象和情感表达。

例如故事《桃树下的小白兔》，教师可提假设性问题，引起幼儿想象、讨论，如"故事中的桃花还可以做成什么？""假如你是小白兔，你还会把桃花寄给谁呢？"等。鼓励幼儿大胆想象，将故事主题与现实生活巧妙结合，让幼儿体会到大自然的神奇美妙和生活的美好。这里需要强调的是，教师一定要和幼儿有及时的互动反馈以及鼓励性的话语交流。

例如故事《月亮姑娘做衣裳》，在活动的最后，可以提出一个问题："月亮姑娘到底是为什么做不出合身的衣裳呢？它该怎么办呢？请在活动结束以后，和你的好朋友想想办法。"由此发散幼儿思维，留下思考空间，关注幼儿解决问题能力的培养。

二、幼儿故事教学中的提问误区

在实际教学中，教师的提问存在一些误区，使师幼之间缺乏互动、交流，故事教学没有充分发挥在幼儿语言教育中的作用，影响了幼儿对故事的理解及听故事的新奇感与敏锐度。在实践中我们常常发现教师在提问上存在以下误区：

一是提问目的片面化。很多教师的提问常局限于活动内容本身，往往只是为了引导幼儿说出内容。在故事活动中，很多教师在活动一开始就直入故事内容，问幼儿"这是谁""在做什么""为什么这么做"等等，而较少跳出故事的具体内容来关注借助作品可以实现的多元价值，如激发幼儿自身的经验来体验故事情节的精妙等。

二是提问的内容缺乏条理。教师的提问能引导幼儿的思维，如果教师的提问缺乏条理，幼儿的思维也会陷入混乱。如在小班故事《小猫找班》的教学活动中，教师出示小猫图片后问幼儿"这是谁？它长得怎么样？"，接着开始讲述故事，讲完之后又问"猫妈妈送小猫到了幼儿园，小猫是怎么说的？接着它看到皮球是怎么做的？小猫是怎么找到自己的班的？"类似这样的提问，教师事先没有精心设计与编排，问题之间也缺乏层次感，逻辑混乱，会对幼儿正常思维带来干扰，导致幼儿不知如何进行表达。

三是给幼儿思考时间少，急于追求正确答案。在设计问题时，教师往往在心里已经有一个自认为满意的标准答案，活动中总期望提问后立刻有"聪明"的幼儿能够一语命中。若是遇到答非所问、不切题或者一时没人回答等情况时，教师要么打断或阻碍幼儿思考，批评幼儿不认真听；要么迫不及待地给出正确答案，草草结束这一问题。

以上误区显示了在故事教学中一些教师对于如何提问、提什么样的问题还模糊不清，因为没有经过精心准备。

三、幼儿故事教学中的提问策略

教师要从细节入手，关注教学中的提问策略，采用不同的提问方式，体现不同的促进作用。

1. 层次性提问

层次性提问，有助于幼儿了解中心意思。提问的层次性，要求教师紧扣教材重点、难点和关键点，分析教材内容的内在联系、逻辑顺序和幼儿已有的知识、能力，循序渐进地设计一系列问题。幼儿在回答出问题之后，对故事所要表达的中心意思也就自然了解了。

例如，在根据儿歌改编的故事《小狗抬花轿》中，第一段老师设计了两个问题：（1）几只小狗抬花轿？（2）谁在坐轿子呢？设计这两个问题的目的，是让幼儿知道故事的主人公，并将注意力转到角色身上。第二段设计了三个问题：（1）小狗出了什么事情？猜一猜它为什么会摔跤？（2）老虎怎么样对待小狗的？（3）你生不生气？通过上述问题，激发幼儿的想象力，并引发幼儿同情弱小、团结友爱的情感。第三段设计了三个问题：（1）你能帮小狗想想办法对付老虎吗？（2）小狗想了什么办法？好不好？（3）你觉得老虎以后应该怎么做？通过这几个问题，让幼儿明白故事中蕴含的道理，不能欺负弱小，并能设身处地地理解角色心境，达到情感共鸣。

2. 假想式提问

假想式提问，有助于幼儿理解人物心理。故事中有很多真、善、美或假、恶、丑的形象，为了帮助幼儿正确理解这些形象，有时教师可提出问题，让幼儿把自己假想成作品中的人物，用换位思考的方式去体验角色的行为及其心理过程。如，在学习故事《小柳树和小枣树》时，老师问幼儿："如果你是小柳树，你会怎么做呢？你面对结满枣子的小枣树时心里会怎么想？"这种角色体验，让幼儿一下子想到了自己，从而更好地理解故事里角色的心理特征。又如，在大班故事《小猪的白房子》的教学中，为了让幼儿了解小动物的想法，设计了这样几个问题：小鸡小羊们愿意在没有树没有花的地方玩吗？如果你是小动物，你愿意住在什么地方？在什么样的环境里玩？你想对小猪说些什么？绝大多数幼儿都能根据自己的理解和体验来做出回答。

3. 开放式提问

开放式提问，让幼儿插上想象的翅膀。在语言教学活动过程中，教师应多设计一些能引发幼儿积极思维的开放式提问，使问题的答案多元化。教师可以抓住作品中有利于幼儿想象的因素对幼儿提出问题，引导幼儿积极想象。这种问题往往没有现成的答案，它需要幼儿摆脱作品原有情节的束缚，按照自己的生活经验和合理想象，多角度地回答问题。尽量避免答案单一的选择性提问，如"对不对？""是不是？"这样的问题往往限制了幼儿探索答案的积极性和主动性，使他们只能随着教师的思路被动地接受知识。

如，学习《三只蝴蝶》这个经典的儿童故事时，活动中可以提出这样几个问题。"如果雨不停地下，他们该怎么办？"部分幼儿回答："可以分开，在花朵下躲雨。"教师又问："除了在花朵下躲雨外，还有其他的方法吗？"幼儿回答："可以在叶子下躲雨，在亭子里躲雨，跑到房子里躲雨……"通过这样一系列的问题，孩子们的思维变得更丰富了。

4. 紧追式提问

紧追式提问，让孩子学会表达。在活动中，教师提出问题后，孩子的回答往往是出人意料的，这会使我们青年教师很着急。尤其是在集体活动中，有的教师会临时乱了阵脚，有的教师干脆视而不见，有的模糊应答，有的灵机一动"请听下回分解"。其实针对孩子可能出现的千变万化的回答，我们只需要万变不离其"宗"，通过有效追问让孩子把行为背后的思考表达清楚。

如，在中班故事《梧桐树送信》中，老师提了这样一个问题："梧桐树还会给谁送信呢？"有一个孩子站起来说："我想我妈妈了。"通常我们会想："怎么是不着边际的回答？"这时老师进行了追问："哦，你是不是想请梧桐树给妈妈送信？""嗯，我想的。我还想请它带我去，它可以在天上飞。""噢，你还给梧桐树一个新本领呢。"这是老师在发现孩子表述不明确时，进行的追问，帮助孩子梳理、归纳出自己要表达的想法，让答案慢慢地浮出水面。利用他的回答老师又追问："梧桐树还会用什么更快的方法给谁送信？会写什么呢？"孩子就会根据暗示找自己曾经看到过的或经历过的事情来回答："还会打电话给宝宝，让他赶紧穿棉袄。""还会开汽车找小狗，快开空调躲起来"……

5. 互动式提问

互动式提问，让孩子在讨论中发展表达能力。这种问题主要是根据故事中事物间的联系和因果设问，可以引发孩子们的积极讨论，使孩子从不同侧面去了解事物、开阔思路。这种提问会形成多种答案，并在一定程度上增添活动的情趣，激活孩子们的情感与思维。只有这样才能加强互动，使活动气氛更加积极、和谐！如，在《三个和尚》的教学活动中，针对"一个和尚挑水吃，两个和尚抬水吃，三个和尚没水吃"的情况，老师引导孩子们讨论："如果你是这三个和尚中的一个，你怎么让大家有水喝呢？"孩子们想出了种种办法："我把水引到山上来，做成自来水。""排小小值日生。""装滑轮吊上来……"在讨论中孩子们争先恐后，你一言我一语，想出了好多办法，在向同伴说明自己想法的同时也发展了表达能力。

总之，课堂提问是一门艺术。它要求我们能把握适当的度，以启发幼儿思维，提升教学效果。教学实践证明，并非所有的课堂提问都能达到预期的目标，只有那些优化了的课堂提问才能取得好的效果。因此，在教学过程中，幼儿教师要把精心设计课堂提问作为上好每一节课的重中之重，善于从教学的实际出发，因情而异，随机而变，真正提高课堂教学的有效性、针对性，才能获得最佳的教学效果。

知识拓展

幼儿故事赏析

小猫钓鱼

在树林旁边，有一条小河，河里有许多的鱼在水里游来游去。

一天早上，猫妈妈带着小猫到小河边去钓鱼。他们刚刚坐下，一只蜻蜓飞来了，蜻蜓真好玩，飞来飞去像架小飞机。小猫看了真喜欢，放下鱼竿，就去捉蜻蜓。蜻蜓飞走了，小猫没捉着，空着手回到河边，一看，猫妈妈钓了一条大鱼。

小猫又坐到河边钓鱼，一只蝴蝶飞来了，蝴蝶真美丽，小猫看了真喜欢，放下鱼竿，又去捉蝴蝶。蝴蝶飞走了，小猫又没捉着，空着手回到河边，一看，猫妈妈又钓了一条大鱼。

小猫说："真气人，我怎么一条鱼也钓不着？"

猫妈妈看了看小猫，说："钓鱼要一心一意，不要三心二意，你一会儿捉蜻蜓，一会儿捉蝴蝶，怎么能钓到鱼呢？"

小猫听了猫妈妈的话很难为情，从此就一心一意地钓鱼了。

蜻蜓又飞来了，蝴蝶也飞来了，小猫就像没看见一样，一步也没走开。不一会儿，嗨！钓竿上的线往下沉，钓竿也动起来了啦，小猫使劲儿把钓竿往上甩，"哎哟！"一条大鱼钓上来啦。鱼摔在地上，噼噼啪啪地乱蹦，小猫赶紧捉住大鱼，高兴地喊了起来："我钓到大鱼啦，我钓到大鱼啦！"后来，猫妈妈和小猫一起拎着钓到的鱼，高高兴兴地回家了。

赏析

这个故事主要描写小猫跟着猫妈妈一起去河边钓鱼。开始钓鱼时，小猫一会儿去抓蜻蜓，一会儿又去捕蝴蝶。猫妈妈钓到好几条鱼，而小猫却一条鱼也没有钓到。这个故事让幼儿知道做事情要一心一意、不能三心二意的道理。

主题6　讲好幼儿故事的师幼互动方法和技巧

导语

　　在日常的讲故事中，教师如何吸引幼儿参与其中，让故事的讲述不是自己的独角戏，且能顺利达成预设的目标，成为幼儿喜欢的讲故事"高手"呢？师幼适时互动就是增强幼儿的代入感，增强故事的趣味性，达到故事教育目的的好方法。幼儿教师在讲故事的过程中，设计适时互动，不但可以加深幼儿对故事的理解，丰富故事的内容，而且可以引导幼儿思考，培养和发展幼儿的能力。不过，要发挥适时互动在讲故事过程中的作用，还要注意互动的运用前提和适时互动的方式。

一、互动及师幼互动

　　个体存在于社会中，就必定要进行互动。互动是彼此联系、相互作用的过程。它是指在一定的社会背景与具体情况下，人与人之间产生的各种形式、各种特质、各种程度的相互作用和影响。

　　1. 互动的类型

　　互动是人与人之间的相互影响，是最为基本且普遍的生活现象。依据发生的媒介，互动包括言语互动、文字互动、形体互动和材料物品互动。

　　2. 师幼互动的类型

　　在幼儿教育过程中，师幼互动起着相当重要的作用。它是教师和幼儿之间进行的一种人际互动，是教师和幼儿之间交互、双向的影响，是一个链状、循环的过程。互动主体是教师和幼儿。一般来说，幼儿教育中的师幼互动，包括很多类型，如师幼问答互动、师幼游戏互动、师幼情景对话互动、师幼神情交流互动等。

（1）随着音乐开始，教师组织幼儿观看多媒体动画片。

（2）教师依据动画片的内容，为幼儿讲述故事《三只小猪》，并在讲故事的过程中问幼儿：

看故事时，故事中有哪些动物？（三只小猪：呼呼、噜噜、嘟嘟……）三只小猪各是怎样做的？盖了哪些房子？（草房子、木房子、砖房子……）

建好房子时，发生了什么事情？

之后为什么草房子、木房子倒了，而砖房子没有倒？

最终大灰狼怎样了？

（3）故事讲完后，教师引导幼儿对图片按故事情节进行逻辑性排序、讨论，并进行讲述，教师进行指导，分三个步骤进行。

第一步，教师根据故事情节，逐步出示图片。

第二步，让幼儿观察图片说出各自的想法，然后讨论，最终排序。

第三步，丰富小朋友的词汇：勤快、懒惰。

（4）教师再完整地讲述一遍故事，结合现实教育小朋友要做勤快的人。

（5）教师小结：通过这个故事，我们看到了，嘟嘟是个十分勤快的小猪，小朋友要向它学习，做个勤快的好孩子。最后引导幼儿随着《勤快人和懒惰人》的音乐做游戏。

这个讲故事的课例包括师生问答互动、师生情景互动中的表演等，整个故事的讲述生动、形象、有趣，幼儿在听故事的过程中，学到了知识和本领。

3. 师幼互动的运用

这些不同种类的师幼互动，在运用的时候，要注意遵循科学性原则，即要依据幼儿的年龄特点和个性差异灵活地运用。

大班幼儿的生活能力较强，有自己的想法，生活经验也比较丰富，因此适宜采用的师幼互动是合作、引导性互动。中班幼儿虽有一定的生活经验，但能力尚不完善，适宜以引导性互动为主，以合作、支持性互动为辅。小班幼儿的生活能力差，生活经验也相当缺乏，适宜以支持、引导性互动为主，以合作性互动为辅。

二、讲故事中师幼互动的形式

师幼之间的互动，形式多样，但从讲故事这一活动来看，主要采用的是师幼之间的问答互动和情景对话。

1. 问答互动

问答作为师幼互动中最常用、最主要的方式之一，贯穿于师幼共同活动的整个过程中。它不仅影响幼儿的思考，左右活动的效果，更在深层次折射出师幼的互动关系。可以说，一个好的问答行为往往预示着和谐师幼互动关系的建立。而和谐的师幼关系，对幼儿的成长相当重要。

某教师在为小班幼儿讲《小黄鸡与小黑鸡》这个故事时，选择多媒体幻灯片课件作为道具，在讲故事的过程中，让幼儿边观察，边倾听，理解小黄鸡和小黑鸡一起捉虫、游戏、互相帮助的故事情节。然后，教师适时提问，让幼儿寻找故事中涉及的关键图片，幼儿在找到"捉虫、游戏、互相帮助"这个图片后，理解了图片中两只小鸡一躲一找的行为，提升了自身能力。

在讲故事过程中，教师借助于精心设计的问题，引导幼儿思考和回答，从而发展和提升幼儿的能力。要注意的是，这一师幼互动遵循着"师幼互动—师幼问答—关键提问"这样的设计思路进行。

2. 情景对话

故事是由一幕幕情景组成的。在不同的情景中，故事中的角色会发生对话行为，其中有不同角色间的对话，有角色自己的独白，更有第三者的讲述。

某教师为中班幼儿讲《小猫的生日》这个故事。

故事的主题在于借助小猫过生日时候断电的情节，让幼儿根据物体局部特征来猜测拜访的客人以及学说情景对话，丰富幼儿的礼貌用语、生日祝福语。为此，针对故事中来拜访小猫的动物客人多，一开始来的是小猴子，紧接着小兔子、小刺猬先后来到，最后是长颈鹿、熊猫、梅花鹿结伴而来。层次比较类同，都是一个小动物来了之后让幼儿猜测、说说祝福语。

这位教师在讲解的过程中，采用了较多的情景互动方式。结果这样的方式，加深了幼儿对内容的理解，激发了幼儿的兴趣。尤其是这位教师还设计了互动表演这种形式，为幼儿准备了相应的头饰、装着礼物的篮子等道具，为幼儿创设了一个更完整的故事情境，于是在整个过程中，幼儿始终保持着较高的兴趣，并提高了学说情景对话的兴趣。

师幼之间选择相应的情景进行对话，一方面可以让幼儿参与到故事过程中，另一方面可以促进幼儿语言表达能力和其他能力的发展。这一师幼互动的设计要遵循"师幼互动—师幼情景对话"的顺序。

三、师幼互动的运用前提

互动来源于故事的内容，应围绕故事中人物之间的联系来进行，其目的是加深幼儿对故事的理解，提高幼儿对活动内容的记忆和表演能力。

在讲故事过程中，可以让我们感受到深刻的爱意洋溢其间。幼儿借助于互动感受到了爱意。那么在讲故事的过程中，运用互动有怎样的前提呢？

1. 宽松的语言交往环境

教师为幼儿讲故事的过程中，要吸引幼儿的注意力，让幼儿感受到故事的情境，爱听故事，要做到这些首先就要为幼儿创设一个自由、宽松的语言交往环境。而座位的安排是营造这样环境的首选方法。

须知，教师在为幼儿讲故事的同时，其实也是在为自己讲故事。教师要将故事讲得幼儿爱听，自己就要真切地体会到故事中传达的信息和故事中人物的情感，然后借助于语音语调、体态语言等将自己的感受、体验传递给幼儿。而要达到这样的效果，就要注意位置的安排。

一般来说，教师在为幼儿讲故事时，最好让幼儿坐成两个半圆，中间预留3条通道，让自己和最远的幼儿之间也仅有5步的距离。这样一来，教师在讲故事的过程中，就可以看到每一位幼儿的表情和眼睛，随时观察、了解幼儿的表现，能方便自己和幼儿、幼儿和幼儿之间交流。适时拍拍幼儿、和幼儿握一下手、夸夸幼儿，以此吸引幼儿的注意力，让幼儿产生参与感。

2. 把握互动机会

幼儿教师要在故事中与幼儿互动，就要注意把握互动机会。这样的机会的获得，需要教师观察幼儿，获取相应的信息。

（1）从幼儿的表现中获得。幼儿听故事的时候，其肢体表现最能体现他们对故事的喜好。如果教师发现幼儿目光炯炯有神，专注地看着老师，身体自然略前倾，歪着小脑袋，张着小嘴，而且会随着教师的声音和表情变换神情，那就代表幼儿极其喜欢这个故事。这时就是教师组织互动的机会。

（2）从故事的主旨中获得。每一个故事都蕴藏着一定的主旨和深意，教师在讲故事的时候，不仅仅要给幼儿带去乐趣，更重要的是引导幼儿发现故事中的道理，在故事中成长。此时，就要求教师在讲故事时，及时将故事的主旨和意图挖掘出来，增加让幼儿质疑提问的机会，进而为师生互动创设时机。

（3）从故事的情节中获得。故事，尤其是幼儿故事，其生动的情节原本就为幼儿参与提供了机会。因此，教师要熟悉故事内容，了解故事情节，并从中发掘可以让幼儿参与的情节。比如一些重复的句子、一些互动的情景……这些情节正是促进幼儿体验的极好的互动机会。如，上述案例中，小兔子和兔妈妈之间的三次对话和三个动作，教师就是从故事情节出发，加强了师幼表演的互动，让幼儿深刻地体会到了爱的情意。

四、师幼互动的方式

有效的师幼互动可以激发幼儿的想象力，使幼儿产生说的欲望，提升幼儿的生活经验，促进幼儿的成长。那么，在讲故事的过程中，如何运用师幼提问互动、情景互动呢？

1. 角色参与

这是故事《老虎来了》的前面部分：

茂密的森林里，住着许多小动物。一天清晨，红彤彤的太阳升起来了。小公鸡张大嘴巴"喔喔喔"地叫醒了小动物们。兔子、小猫和小猴都是好朋友，它们围着一棵大榕树，在草地上高高兴兴地玩起来了。

瞧，小猫在练跳绳，它一下一下、有节奏地摇着绳子，越跳越起劲儿；可爱的兔子拍着大皮球，脸都涨红了；最淘气的小猴骨碌碌地转动着机灵的大眼睛，在大榕树上蹦来跳去，还在树枝上荡秋千呢！小牛也来凑热闹，它摇晃着大脑袋，东瞧瞧，西看看，然后竖起它那对尖尖的牛角，神气地说："谁来跟我比赛，顶一顶，看谁的力气大！"

小动物们正玩得高兴，突然，远处传来一阵老虎的叫声，小动物们都吓坏了，嚷着说："大老虎来了，大老虎来了……"

在这一部分，一位教师成功地运用了角色参与法来进行师生互动。在前半部分的情节中，教师和幼儿进行了角色扮演，幼儿用教师提供的头饰扮演小公鸡、兔子、小猫和小猴等，教师则扮演了老虎。在扮演中，幼儿体会着动物的情感，表演得活灵活现。而在续编部分，教师则引导幼儿结合前面的故事，想一想可能发生什么，结果幼儿们互相讨论，在教师的引导下，编出了一个又一个生动的故事，锻炼了表达能力，提升了想象力。

由此可知，所谓角色参与，就是在讲故事的过程中，鼓励幼儿与故事中的角色互动。这是因为，幼儿不能分清想象与真实的界限，让他们参与故事，成为其中的角色，可以让幼儿直接融入故事的情节，在与角色的互动中，获得经验，促进成长。

（1）故事续编。

这是角色参与的一种方式，就是让幼儿在揣摩角色心理和故事情节发展的前提下，运用想象力，编写故事后面的部分。之所以称其为角色参与，是因为幼儿必须将自己设想为故事中的角色，才能将故事编下去，且编得合情合理。

（2）角色扮演。

这是指教师在讲故事的过程中，让幼儿甚至教师共同参与到故事中，扮演其中的某一角色，以此体验角色情感。在角色互动中，引导幼儿体验，获得直观的感受。

2. 模仿学习

模仿学习，也是讲故事中师生互动的一种方式。这种模仿学习，一是幼儿向故事中的角色进行模仿学习，模仿故事中人物的言谈举止，从角色的身上学习语言，提升能力，进而形成良好的品质和行为；二是幼儿向教师进行模仿学习，将故事的内容内化为自己的言行，进而促进自己能力的提升。

池水正在睡午觉呢！静静的，柔柔的。一只小鸭就在这样的池塘里游泳，小鸭子游呀游，池塘里没有一个朋友。呀！孤单单的，真没趣。

一天，一只小鸟飞过来，小鸭说："你能和我一起玩吗？"小鸟说："对不起，我不会游泳，你找别的朋友吧！"

一只小兔子蹦蹦跳跳从池塘边路过，小鸭连忙喊："小兔子，小兔子，你能到池塘里和我玩吗？"小兔子说："对不起，我不会游泳，不能和你玩。"

一只小猫一路小跑从池塘边路过，小鸭连忙喊："小猫，小猫，你能到池塘里和我玩吗？"小猫说："对不起，我不会游泳，不能和你玩。"

一只小乌龟爬过来了，小鸭连忙喊："小乌龟，小乌龟，你能到池塘里和我玩吗？"

小乌龟高兴地说："好。"小鸭子终于找到能在水里和它一起玩的朋友啦。

上面是故事《小鸭找朋友》的内容。在讲这个故事的时候，某位教师采用了下面的方法组织这次活动：

（1）导入，激发幼儿兴趣。

"嘎嘎嘎"，谁来了？（出示小鸭）

我们来跟小鸭打个招呼。（小鸭，你好）

瞧，小鸭在干什么呀？（游泳）

小鸭是怎样游泳的呀？谁会？来做一做动作。（和小朋友一起做小鸭游泳的动作）

边做游泳的动作边说："游呀游。"

小鸭一个人游泳真没劲儿，它想找一些朋友和它一起玩。小鸭是怎样找朋友的呢？我们一起来看故事《小鸭找朋友》。

（2）幼儿看动画，老师讲小鸟部分故事。

提问：谁来了？（小鸟）

小鸟飞来了，我们一起来学一学小鸟飞，边飞边练习说"飞呀飞"。小鸟飞到了小鸭的身边。

小鸭对小鸟说："你能和我一起玩吗？"小鸟会不会游泳呀？（不会）

小鸟怎样说呀？（对不起，我不会游泳，你找别的朋友吧。）

请小朋友练习说"对不起，我不会游泳"。请小朋友再一起说这句话。

从节选的活动内容可以看到，这位教师运用了模仿学习的方式，引导幼儿模仿教师，模仿故事中的角色，学习技能，发展能力。

3. 提问互动

幼儿教师要深化幼儿对故事的理解，要吸引幼儿的注意力，师幼互动中的提问互动就少不了。缺少了提问互动，幼儿在听故事中就缺少了引导因素。教师要依据故事内容，科学设计提问内容，紧扣故事内容和教育目标，提出有价值的问题，促进幼儿的发展。其中，引导性互动提问是最主要的提问方式。这种方式可以在以下三种情况下使用。

（1）帮助幼儿厘清故事线索和人物情感。

幼儿在听或看故事时，经常会出现将故事的情节割裂开的现象，这是因为他们缺乏对整个故事情节的理解。此时，教师就可以用引导性互动提问，给予幼儿恰到好处的指导，让幼儿抓住故事线索，厘清人物情感线，形成对整个故事情节的理解，提高理解能力，激发和保持他们对故事的兴趣。

某教师在讲《漂亮的花帽子》的故事时，设计了这样的问题：

"喜鹊妈妈没有了帽子，宝宝就没有房子了，谁会来帮助她？"

"小兔子怎样帮助喜鹊妈妈的？"

"小兔子没有了帽子，谁会送她帽子呢？"

"喜鹊妈妈和宝宝送给小兔子的帽子是怎样的呢？"

这样的提问一环扣一环，帮助幼儿厘清故事情节线索，使他们能够全面、具体地理解故事。

（2）出现不同层次的幼儿理解困难时。

幼儿之间理解能力差异的存在是不可避免的。在讲故事的过程中，教师根据不同发展层次的幼儿，借助于引导式提问，设计不同难度的问题，在层层递进的提问下，引导不同层次的幼儿一步一步地理解故事内容和主旨。

（3）需要启发幼儿的思维时。

为了提升幼儿的思维能力，教师在故事的讲述过程中，可以用这种引导式互动，启发、激励幼儿，引导幼儿从人物动作、表情、语言、心理以及背景等角度观察，促使幼儿在解决问题的过程中积极思考，发展能力。

五、故事互动设计

1. 小班幼儿故事互动设计：《猴子捞月亮》《小鸡和鸡蛋》

小班幼儿的模仿能力强，但理解能力差。在讲故事的过程中，教师可以灵活运用多种方式，针对小班幼儿的发展特点，有针对性地引导幼儿，使之在倾听和理解故事中获得成长。

（1）提问与实践携手，促进幼儿成长。

好奇心是幼儿的天性，也是促进幼儿创新思维发展的前提条件。在讲故事的过程中，教师借助于问题，为幼儿提供一些动手实践或体验的机会，可以使幼儿将从故事中获得的感知变得直观，进而提升能力，获得直接经验，得到成长。

猴子捞月亮

活动目标：

1. 通过故事及小实验，深入理解故事情节。

2. 知道遇事应多动脑筋。

3．学习词语"倒影"，能清楚、完整、贴题地回答问题。

道具准备：

1．配乐故事《猴子捞月亮》录音。

2．每桌一盆水、一只手电筒。

活动过程：

一、开场白，谈话引起幼儿对中秋节的回忆

小朋友，昨天是什么节日？（中秋节）

你是怎样过中秋节的？

中秋节的月亮是什么样的？

二、讲故事《猴子捞月亮》

1．当讲到"老猴子说：'快想办法把月亮捞上来。'"时，停止讲述，提问："你猜猜它们是怎样捞月亮的？"（想各种办法）"月亮捞上来了吗？为什么捞不上来？"

教师引导幼儿进行小实验：用手电筒当月亮，水盆当井，让幼儿观察，"水中'月亮'的影子是什么样的？用手去捞，'月亮'变得怎么样了？"使幼儿感知水面平静时，"月亮"是圆圆的，用手一抓，水面有了波纹，影子就碎了。

2．教师接着将故事讲完，提问："故事的名字叫什么？""小猴子在井里发现了什么？""它们用什么方法捞月亮？捞到了没有？为什么捞不到？""最后，老猴子一抬头，看见了什么？它对小猴子说了什么？""听了这个故事，你懂得了什么道理？"

三、欣赏配乐故事《猴子捞月亮》

…………

【互动分析】

在这个故事中，我们可以看到，为了引导幼儿理解故事，教师运用了师幼互动的方式，借助于引导式提问和小实验，帮助幼儿解决问题，动手实践，找到了猴子捞不到月亮的原因，增长了知识，开阔了眼界，满足了幼儿的好奇心。

（2）以互动促认知，以实践促能力。

讲故事中互动的方式是多种多样的，在为幼儿讲故事的过程中，教师还可以借助互动活动，让幼儿获得知识，促进幼儿认知能力的提升。这些活动可以是提问，也可以是一些游戏，但游戏一定要基于强化幼儿获得认知的目的而进行。

小鸡和鸡蛋

活动目标：

1. 初步了解鸡蛋和小鸡的关系，学说"白白圆圆""嗨哟嗨哟"。

2. 乐意倾听故事，联系自己的生活经验积极表达自己的想法。

3. 练习推球，感受游戏的乐趣。

道具准备：

画有鸡妈妈、小鸡、完整的鸡蛋、破裂的鸡蛋、蚂蚁的小卡片（可戴在手上），四幅自制挂图，小球。

活动过程：

一、开场白（出示画有小蚂蚁的卡片，激发幼儿听故事的愿望）

小朋友，你们看这是什么？（小蚂蚁）请你们和小蚂蚁打个招呼吧。你们知道吗，就是这只小蚂蚁，在前几天，看到了一个特别有意思的现象。

二、讲故事

1．第一遍讲故事。

教师有表情地讲述故事，并且一边讲一边出示相应的小图片。

2．提问。

（1）这个故事里有谁？

（2）小蚂蚁看见的东西是什么颜色的，什么形状的？引导幼儿说"白白圆圆"。

3．第二遍讲故事。

（1）依次出示挂图讲故事，并引导幼儿说"嗨哟嗨哟"。

（2）提问：你们猜这个白白圆圆的东西是什么？

如猜不出可以辅助问："白白圆圆的东西裂开了，谁从里面走出来了？"

三、玩"推蛋"的游戏

教师把幼儿带到户外，让他们用球玩推蛋的游戏，讲明规则：每人一个球，可以单独推也可以结伴推，自由地推球。教师在一旁个别指导。

四、结束（带小朋友回教室）

附故事：

小鸡和鸡蛋

有一天，小蚂蚁走在路上，它走着走着，看见了一个白白圆圆的东西。小蚂蚁用力地去推，"嗨哟，嗨哟"小蚂蚁用了全身的力气，可是怎么也推不动。突然，白白圆圆的东西里发出了"咔啦咔啦"的声音，"咔嚓"一声，白白圆圆的东西裂开了，从里面走出了一只小鸡。鸡妈妈来了，小鸡赶快扑到鸡妈妈的怀里。

【互动分析】

在上面的故事活动中，教师针对幼儿的认知不同，以及对知识的理解能力不同，设计了由浅入深的问题，引导幼儿理解知识。在讲述完故事后，又组织幼儿开展活动，以体验获得的知识，让幼儿将知识与实践结合起来，促进了幼儿认知能力的提升。

2. 中班幼儿故事互动设计：《光说不做的狐狸》《小老鼠种西瓜》

中班幼儿处于前运算阶段的中期，此时的幼儿思维变得复杂起来，其思维以感知动作为主。因此，在讲故事的过程中，借助于师幼互动，让幼儿在感知中获得对事物的进一步认识，培养幼儿的能力，促进幼儿成长。

（1）复述表演，深化认识。

师生共同复述表演，是一种提升幼儿语言表达能力的重要手段。针对中班幼儿语言能力的发展，教师适时地在故事讲述活动中，运用这样的互动形式，可以深化幼儿对知识的认识，加深幼儿对知识的理解。

光说不做的狐狸

活动目标：

1. 帮助幼儿理解故事主要内容，能用较完整的语言讲述故事内容，并培养幼儿礼貌讲话的意识。

2. 培养幼儿的倾听习惯，知道不能随意打断别人的谈话，发展幼儿的想象力。

3. 培养幼儿对文学作品的理解能力和表现力。

道具准备：

与故事相关的图画、头饰、道具等。

活动过程：

1. 导入活动，激发兴趣

出示狐狸图片，"你们喜欢狐狸吗？为什么？""今天这只狐狸跟以往的不一样，到底是哪里不一样呢？我们来听故事《光说不做的狐狸》就知道了。"

2. 教师讲故事，幼儿欣赏故事，熟悉理解故事

（1）故事结束后，教师提问。

小朋友，故事中的狐狸是怎么样的？请你说一说。（引导幼儿说出狐狸说话不算话，只知道说却不做，并说说自己有没有光说不做的时候）

（2）教师出示三幅图画，帮幼儿回忆故事中角色的对话、动作，进一步熟悉理解故事。

3. 让幼儿自选头饰表演，体验故事中角色的情感

师：看了他们的表演，你们想不想也来玩一玩呀？

4. 幼儿开展"小动物种菜"游戏，加深对故事内容的理解

（1）激发幼儿游戏的兴趣。指导语：大象伯伯家有很大一片的菜地，是空空的。它想请小动物们帮帮它，在菜地里种上各种各样的瓜果蔬菜。你们觉得可以种什么呢？（让幼儿说说）

（2）交代游戏玩法。说完自己想种什么后，拿一样工具、一些种子到菜地里去种。先用铲子翻翻地，再撒种子，最后浇水。几名幼儿与教师一起扮演狐狸。秋天到了，小动物们去收获果实，用礼貌用语请客人吃自己的东西。

附故事

光说不做的狐狸

春天到啦，小动物们都忙着种菜种瓜。只有狐狸东荡荡西逛逛，什么事情也不愿意做。

这天，它来到熊大哥家门口，看见熊正准备刨地。它走过去问："哟，熊大哥，你准备种什么呢？"熊说："是你呀，狐狸，我打算种红薯，你准备种什么呢？"狐狸拍了拍胸膛说："我想种一大片西瓜，夏天吃西瓜，又甜又解渴。到时候我送你一个。"

与熊说了再见，狐狸又来到山羊姐姐的家门口，看见山羊正准备浇水。它走过去问道："哟，山羊姐姐，你准备种什么呀？"山羊说："噢，我打算种白菜。你准备种什么呀？"狐狸摇头晃脑地说："我想种人参，多有营养啊。到时候我送你一根。"

离开山羊的家，狐狸又来到小兔子家门口。小兔子正在家门口的地里撒种子。狐狸走过去问："小兔子，你在种什么呀？"小兔子说："我在种萝卜。你准备种什么呀？"狐狸神气地昂着头说："我想种草莓，又酸又甜又好吃，到时候我送你一篮。"

其实呀，狐狸根本什么都没有做，只是嘴上说说罢了。

一转眼秋天到了。熊带来它种的红薯，对狐狸说："狐狸狐狸，我请你吃红薯。"山羊带来它种的白菜，对狐狸说："狐狸狐狸，我请你吃白菜。"小兔子带来它种的萝卜，对狐狸说："狐狸狐狸，我请你吃萝卜。"可狐狸什么也没有种，它低下头说："谢谢你们，真不好意思。我没有什么东西可以给你们吃的。"

山羊姐姐走上去拍拍狐狸的肩膀说："小狐狸，光说得好是不行的，还要真正做得好啊！"

【互动分析】

从故事活动的过程中可以清楚地看到，相比于小班幼儿，中班幼儿已经具备更高的能力，因此教师先是用问题引导幼儿将直观地感知到的狐狸的特点说出来，接着借助于道具——图片，让幼儿复述故事，发展幼儿的语言能力，最后组织游戏，让幼儿化经验为实践，在活动中强化认识。

（3）动手动脑，互动提升。

除了复述表演，针对中班幼儿，教师还可以结合幼儿的能力和特点，针对故事内容，为幼儿设计一些动手动脑的互动活动，以加深幼儿对故事中涉及的知识的理解，使之转化为幼儿的能力。

小老鼠种西瓜

活动目标：

1．感知童话故事结构，尝试在认识和想象的基础上，改编故事结尾，并用语言清楚地表达出来。

2．培养幼儿爱劳动、爱动脑和愿意与同伴分享劳动成果的良好品质。

道具准备：

1．投影《小老鼠种西瓜》。

2．西瓜四个、车轮、风帆、橡皮泥、小木棍、彩色纸、糨糊、剪刀、刀、完整瓜皮、半圆瓜皮等。

活动过程：

一、欣赏故事

1．教师以提问的方法引出故事名称，引起幼儿注意。

2．第一遍讲述故事，边讲边播放投影。（大西瓜和小老鼠出现在屏幕上，突出西瓜大、老鼠小）

3．第二遍讲述故事，边讲述边播放。（以动画形式播放故事基本内容）

4．提问：小老鼠种的西瓜怎么样？小老鼠怎么想办法吃西瓜的？它和朋友想了哪些办法？这些办法行不行？为什么？小老鼠最后是怎样吃西瓜的？它请了什么人来一起吃西瓜呢？故事里的小老鼠是什么样的小老鼠？你喜欢吗？如果你是小老鼠，你怎么吃西瓜呢？（想一个跟故事中小老鼠不一样的办法）

5．教师引导幼儿归纳：小老鼠种西瓜——是爱劳动的小老鼠；用吸管吸西瓜汁——是爱动脑筋的小老鼠；免费供应西瓜汁——是关心别人的小老鼠。

二、手工制作（用瓜皮做什么）

1．向幼儿提供一定的工具与材料，鼓励幼儿想象和操作。（小车轮、风帆、彩色纸、糨糊、剪刀、刀、完整瓜皮、半圆瓜皮）

2．根据班上幼儿的年龄与能力、兴趣特点分组开展活动。

①粘贴活动。教师给予指导，帮助幼儿完成想象和贴画过程。

②实物操作活动。教师参与活动给幼儿提示、启发，教师可启发幼儿用西瓜皮做汽车、做蒙古包、做帆船等。注意提醒幼儿在操作中想象故事发展具体情节。

三、想象讲述

在前面阶段活动基础上，要求幼儿为故事想象一个新的结尾，并在大家面前讲述。

【互动分析】

上面的故事活动中的互动设计，侧重于提升幼儿的能力，教师分别运用了提问互动形成的言语互动，以及动手制作的行动互动。师生共同回忆故事内容，厘清故事的主旨，随后引导幼儿进行制作活动，在互动中给予幼儿指导和引导，激发了幼儿的兴趣，培养了幼儿的想象力。尤其是最后的续编活动，更是将语言能力的培养和想象力的培养相结合。

3.大班幼儿故事互动设计：《两只笨狗熊》《倒霉的小白马》

大班幼儿在某些能力上的发展已经相当完备，自理能力和劳动能力明显提高，初步理解一些劳动的社会意义，控制能力明显提升，精细化动作的操作能力也在提升，对周围世界有着积极的求知探索态度，喜欢追问"为什么"。针对幼儿的这一特点，在讲故事过程中，教师的互动设计，就要考虑基于故事内容和主旨，在保护幼儿好奇心的前提下，增强其劳动意识，提升其综合能力。

（1）用互动提升幼儿的社会交往意识与能力。

大班幼儿的社会交往意识与能力在提升，尤其是合作意识。教师在故事活动的互动设计时，要针对幼儿的这一发展特点，为幼儿提升社会交往意识与能力创造机会。其中除了提问，还可以进行集体讨论与创编故事，这样的互动同样可以起到提升幼儿社会交往意识与能力的作用。

两只笨狗熊

活动目标：

1. 喜欢故事活动，体验故事情节的有趣。

2. 能够倾听并理解故事内容，并能对故事进行创编，用自己的语言在大家面前讲述出来。

3．知道遇事谦让，与人分享的道理。

道具准备：

《两只笨狗熊》幻灯片、毛绒熊。

活动过程：

1．出示毛绒熊，谈话导入

今天我们班上来了两位小客人，它们是谁呀？哦，原来是狗熊妈妈的两个孩子，一个叫大黑，另一个叫小黑。它们长得可真胖啊，还挺笨的，是两只笨狗熊。一天，哥儿俩出去玩，会发生什么有趣的事呢？让我们来听一听吧。

2．出示幻灯片，教师完整讲述故事

（1）故事中都有谁？发生了一件什么事情？

（2）为什么最后干面包变没了？

3．教师结合幻灯片，再次讲述故事，幼儿进一步理解故事内容与对话

（1）路上发生了什么事情？大黑和小黑又是怎么做的？

（2）后来谁帮它俩分了干面包？用什么办法帮它们分的呀？最后怎么样？

（3）你觉得大黑和小黑是什么样的？狐狸呢？

4．幼儿自由讨论，教师归纳主题

（1）设问讨论：为什么狐狸要给大黑和小黑分面包？为什么狐狸没有分到，却吃得最多？

（2）师幼共同小结：两只小狗熊彼此不懂得谦让，才会让狐狸钻空子，把干面包全部骗光。

（3）讨论友好相处的办法：如果小朋友们是大黑和小黑，你们会怎么做呢？

5．师幼共同创编故事，调动幼儿已有经验

（1）幼儿分组讨论，自由创编故事。

（2）幼儿讲述创编故事。

附故事：

两只笨狗熊

狗熊妈妈有两个孩子，一个叫大黑，一个叫小黑。它们长得挺胖，可是都很笨，是两只笨狗熊。

有一天，天气真好，哥儿俩手拉着手一起出去玩儿。它们走着，走着，忽然看见路边有一块干面包，捡起来闻闻，嘿，喷喷香。可是只有一块干面包，两只小狗熊怎么吃呢？大黑怕小黑多吃一点儿，小黑也怕大黑多吃一点儿，这可不好办哪！

小黑说："咱们分了吃，可要分得公平，我的不能比你的小。"

大黑说："对，要分得公平，你的不能比我的大。"

哥儿俩正闹着呢，狐狸大婶来了，它看见干面包，眼珠骨碌碌一转，说："噢，你们是怕分得不公平吧，让大婶来帮你们分。"哥儿俩说："好，好，咱们让狐狸大婶来分吧。"

狐狸大婶接过干面包，恨不得一口吞下去，可是它没有这样做，它把干面包分成两块。哥儿俩一看，连忙叫起来："不行！不行！一块大，一块小。"狐狸大婶说："你们别着急，瞧，这一块大一点儿吧，我咬它一口。"

狐狸大婶张开大嘴巴，咬了一口。哥儿俩一看，又叫起来了："不行！不行！这块大的被你咬了一口，又变成小的了。"

狐狸大婶说："你们急什么呀，那块大的我再咬它一口吧。"狐狸大婶张开大嘴巴又咬了一口，哥儿俩一看，急得叫起来："那块大的被你咬一口，又变成小的了。"

狐狸大婶就这样这块咬一口，那块咬一口，干面包只剩下小手指头那么一点儿了。它把一丁点儿大的干面包分给大黑和小黑，说："现在两块干面包都一样大小了，吃吧，吃吧，吃得饱饱的。"

大黑和小黑你看看我，我看看你，一句话也说不出来。小朋友们说说看。它们是不是两只笨狗熊？

【互动分析】

在这个故事的互动设计中，教师从培养幼儿的集体意识和规则意识入手，设计并运用了问题互动，引导幼儿明确故事的主旨，从中受到教育。同时，教师为了加深幼儿对主旨的理解，还设计了创编故事，让幼儿将获得的知识和经验进行迁移。

（2）借互动丰富幼儿的知识。

大班幼儿对外界事物充满了好奇心，他们经常会对一些司空见惯的现象提出疑问，如人为什么会走路？……这种对事物的好奇心，使得他们一直在努力寻找探索的机会，并渴望自己找到答案。教师在讲故事时，可以针对故事内容，创造让幼儿自己思考和探索的机会，让他们获得的经验得以丰富，进一步激发幼儿探索的兴趣。

倒霉的小白马

活动目标：

1. 在理解故事的内容方面上，感受小白马曲折的经历。

2. 大胆讲述小白马"倒霉"的原因，初步了解一些气象方面的知识。

道具准备：

小白马图片、挂图。

活动过程：

一、出示小白马图片，引出活动

看，这是谁？请你猜猜看这是一匹怎么样的小白马？（幼儿讲述）其实它是一匹倒霉的小白马，为什么说它是一匹倒霉的小白马呢？让我们一起来听一听故事《倒霉的小白马》吧！

二、结合图片，分段理解故事内容

1．出示第一、二张图片，教师讲述故事第1~3段。

（1）小白马打算去很远的草地上玩，可它遇到了什么倒霉的事？

（2）这时谁看见了？它是怎么告诉小白马今天为什么会天气热？（晚上星星多，白天天气热）

2．出示第三、四张图片，教师继续讲述故事。

（1）又一天早晨，小白马又想去干什么？

（2）小白马看到日出了吗？它又遇到了什么倒霉事？

（3）小猴子是怎么告诉小白马今天为什么会下雨的？（朝霞映红了天，就会下大雨）

3．出示第五张图片。

（1）今天的天气怎么样？小白马是怎么说的？

（2）看了今天的天气，你觉得小白马会很顺利地去树林散步吗？（引导幼儿猜测）

4．出示第六张图片。

（1）小白马又遇到什么倒霉的事？

（2）谁能来告诉小白马为什么今天会刮风？（太阳周围一圆圈，

一定就会刮大风）

5．结合图片，师幼共同再完整地讲述一遍故事。

三、拓展幼儿经验，激发幼儿观察天气变化征兆的兴趣

1．小白马为什么会遇到那么多倒霉的事情？

2．我们平时是怎么知道天气情况的？（电视、报纸、广播、电脑等）

3．引导幼儿说说还有哪些能告诉我们有关天气的事情。（例如小蚂蚁搬家，告诉我们天要下雨了）（幼儿自由讨论）

4．现在我们一起到外面去看看天、花草树木、小蚂蚁，猜猜明天的天气会怎样，好吗？那我们还等什么，赶紧出发吧！

【互动分析】

在上面的故事活动中，教师针对故事内容，从丰富幼儿的天气知识、发展幼儿的能力和增强幼儿的体验出发，设计了以引导式问题来带领幼儿了解故事内容，厘清故事线索，明白故事要说明的道理以及从中学到的知识。随后，教师又设计了师生互动、复述故事，以及加强讨论的互动，让幼儿巩固已有的经验，强化知识，提升能力。

知识拓展

幼儿故事赏析

三个小伙伴

小熊、小猫和小兔住在同一座房子里。

一天，它们在家门口的院子里种植了一株玫瑰花。

种植完后，小熊说："我们种了这株玫瑰花后，谁有空就过来给

花浇一下水。"小熊说完，大家都点了点头。

早晨，它们都出门找食物去了，各自心里都想着：其他的两个小伙伴一定有时间给玫瑰花浇水的。

结果，等它们三个回来后，往院子里一看，发现玫瑰花被太阳晒得渴死了。

于是，它们又种了一株玫瑰花，早上，它们三个都给玫瑰花浇了水之后才出门找食物。

等到了傍晚，回到家才发现，玫瑰花喝了太多水，已经被淹死了。它们后悔不已。

等到了第三次相约种植玫瑰花的时候，它们坐在一起，商量轮流给玫瑰花浇水，小熊说："星期一跟星期二我会给玫瑰花浇水。"

小猫说："那星期三跟星期四就我给玫瑰花浇水吧。"

小兔听完后说："星期五跟星期六，我出门前就给玫瑰花浇水，周日我们就一起来看花，然后再给它浇水怎么样？"

大家都觉得这个方法好，所以就行动了起来。

一星期过去了，玫瑰花也盛开了，三个小伙伴站在一起蹦蹦跳跳的，可开心了。

小宝宝们，玫瑰作为爱情和美的代表，已经有几千年的种植历史，在野外或者花园里都可以生长。种花，我们必须选择与它生长相适宜的环境，并且精心照料，才能让花一年比一年长得好。

赏析

这个故事意在培养幼儿的责任心和爱心，同时也传递了一些科普知识。

专题四

讲好幼儿故事与教学活动

在幼儿园，以故事为素材进行教学活动是教师经常使用的一种教学方式。故事因其种类较多，蕴含知识较广泛，既适合于幼儿的认知特点，又有利于活动目标的达成。根据各领域活动设计的基本原则和要求，教师可设计出各领域教学活动案例，挖掘故事中蕴含的教育价值，使其设计的教学活动具有可行性、可操作性、趣味性及有益性，使幼儿在故事教学活动中收获更多。

主题1 幼儿园故事教学活动存在问题的对策

导语

> 从当前的幼儿园故事教学活动实施的情况来看，存在着太多的问题。有学者对当前幼儿园故事教学存在的问题做出如下分析：不考虑幼儿的原有经验水平，作品选择显"随意化"；不了解幼儿的发展需要，活动过程显"教育化"；不重视幼儿的情感体验，教学提问显"认知化"。语言的发展对幼儿今后的成长具有不可忽视的作用，而故事教学对幼儿语言的发展起着至关重要的作用。提高幼儿园故事教学活动的质量，必须做到以下几点。

一、幼儿园方面的对策

1. 为故事教学提供丰富的活动环境

在故事教学中，幼儿园应该为幼儿创造一个丰富的精神和物质环境，故事教学对幼儿的身心全面发展都具有一定的促进意义，所以幼儿园应该加强对故事教学的物质投入。多媒体的使用能够为故事教学的实施锦上添花，使得故事教学更加生动形象，也更能吸引幼儿的注意力，比如将故事中的图片用幻灯片播放，视觉信息能加深幼儿对故事的记忆。

幼儿园应该专门设置一间图书阅览室，投放适合各个年龄阶段的故事书及绘本，也可以引进其他幼儿园教师创编的故事。每个星期都制定一个计划表，每个年龄阶段一个星期计划由教师带领去图书阅览室阅览图书两次左右。教师也可以选择适合的故事讲给幼儿听，图书阅览室的氛围更能感染幼儿，更能让幼儿接受故事内容。

在幼儿园里大部分幼儿都是很热衷于听故事的。一些幼儿在家里晚上睡觉前，家长都会给他们讲睡前故事，但是来到学校以后，虽然班级里设置了图书角，但是由于故事书匮乏，年复一年都是相同的故事书，久而久之幼儿就会对图书角失去兴趣。所以幼儿园应该加大故事书的投入，定期更新图书角的书籍。也可以给家长提建议，让幼儿把家里的书籍带到学校来，分享自己爱看的故事，这样既能增加幼儿间的友谊，还能让幼儿学会分享。

2. 加大对故事教学的教学投入

幼儿园应该加大对故事教学的教学投入。幼儿园重视对幼儿的故事教学，教师才能在教学活动中对幼儿进行全面的教学，教学准备活动也会更加丰富，鼓励教师脱离单一的教学模式，让幼儿能融入到整体教学中。

3. 提升幼儿园的师资队伍建设

只有师资力量强大了，幼儿园的整体教育水平才能提升。部分幼儿园在师资队伍上十分薄弱，既缺乏本科学历以上的专业教师，也没有对故事教学引起重视，导致幼儿园的整体教学活动无法达到很好的效果。幼儿园领导应该考虑实际情况，在加大故事教学的教学投入以后，还应该改变原有的教师结构，增加本科学历以上的专业教师。有了专业教师的指导，故事教学才能发挥出更好的效果。也可以采用"走出去引进来"的方法，让本园的幼儿教师参加一些专业机构的培训，提升自身的知识水平，并且将优秀的教育理念带回幼儿园，对幼儿园进行实质改造。

二、教师方面的对策

1. 提升自身故事教学方面的专业能力

近几年，由于幼儿园在编教师人数达到饱和状态，所以幼儿园很少纳入新鲜血液。而这些在编教师虽然经验丰富，但是在专业知识能力上还是有所欠缺。现在的幼儿园教学，更多地是运用多媒体技术进行，而这些在编教师在多媒体的使用上都不熟练，有些甚至不会使用。所以幼儿教师应该在课余时间多多研究多媒体的使用，并且学会运用多媒体来进行教学，学以致用，将故事中的图画制作成动画的形式，幼儿很容易被新鲜的事物所吸引，从而提升课堂效果。

由于教师都有多年的任教经验，所以在与幼儿的沟通方面不会存在太大问题，但是幼儿教师还是应该加强学习心理学知识，只有掌握了幼儿的心理发展规律，才能更好地引导幼儿，与幼儿进行良好的沟通。

2. 加强在故事教学中与幼儿的互动

一堂成功的教学活动课是需要幼儿与教师的相互配合。在故事教学中教师与幼儿的互动会让幼儿切身感受故事内容，互动也能发挥幼儿的自主性，在教学目标上就体现出幼儿的主体性。一切以幼儿为主，教师在故事教学中表现的是一个引导者的角色，引导幼儿去掌握故事内容，引导幼儿体会其中的道理，引导幼儿去适应社会规则。

根据幼儿的水平差距，分层次地设立问题、开展游戏，给每个幼儿都创造一个展现自我的机会，让所有幼儿的思维都活跃起来，构建积极有效的师幼互动。教师引导幼儿将故事内容改编为游戏，教师不会直接参与幼儿的改编过程，但要适当地引导幼儿，与幼儿相互配合，协助幼儿改编游戏。

3. 促进自身对故事教学活动的认识

教师要从传统的教育观念束缚中解脱出来，在每一堂课结束后要反思整个教学过程，并总结这堂课的优缺点。教师在课堂中也要随时关注幼儿的反应，并根据幼儿的反应思考自己在课堂中的不足，以便在今后的课堂中改正不足，改进自己的教学方式，正面面对自己的缺点。

总而言之，近年来，幼儿园教育改革日渐深入，人们对幼儿教育中故事教学的重视程度日益提高。作为一名幼儿园教师，我们要学会运用故事教学法进行语言教育，注重故事的选择及故事活动的设计，以提高故事活动的有效性，从而保证幼儿对故事内容的理解和综合能力的提升。

知识拓展

幼儿故事赏析

跟踪的大灰狼

放学了，小猪背着书包蹦蹦跳跳地往家走去。

走到一条小巷子的时候，突然，小猪发现大灰狼正在偷偷跟着它。

小猪想了想，加快了脚步，往人多的地方走去，走啊走，来到了热闹的广场上。

广场上人很多，熙熙攘攘的，小猪钻进人群里，很快消失不见了。大灰狼见小猪不见了，非常恼火，只好又去跟踪另一个目标。

它看见一个独自玩耍的羊宝宝。于是它又打起了坏主意。

小猪呢？早就已经到森林警察局报了案，警察叔叔跟着小猪来到广场，看见了正跟在羊宝宝身后的大灰狼，飞快地冲上去，制伏了大灰狼。

大灰狼恶狠狠地说："你这个小坏蛋！"

羊宝宝说："谢谢你！小猪哥哥！"

猫警长说："你真是个勇敢的好孩子！"

赏析

　　故事中的小猪遇到了坏心眼儿的大灰狼跟踪，它很聪明地选择了去热闹人多的地方，让大灰狼无机可乘，最后还找到了警察叔叔报案，将大灰狼给制伏了。小朋友们，当你们遇到类似情况的时候也可以向小猪学习：首先找到人多热闹的地方，脱险后尽快找警察叔叔求助。

主题2　幼儿故事教学活动的设计与指导

导语

　　采用故事作为素材设计教学活动要求活动过程层次清晰、各环节之间过渡自然流畅，要体现循序渐进、设计有层次感；在教学活动中设计的提问应有启发性、思考性、开放性等特点；教师应能预测教学活动过程中可能出现的问题，并设计出相应的教学活动策略；采用的教学方法和活动组织形式要充分体现幼儿活动的主体性，为幼儿提供更多感知、操作的机会，让幼儿有机会充分地思考和探索；设计的活动应详略得当，以故事为主体或以故事为线索贯穿活动，重难点应明确等。

一、幼儿园故事活动的选材要点

1. 主题单一明确

作品主题应只有一个，且简单明确，易于幼儿理解。作品内容健康明朗，对幼儿有一定的教育意义。

例如故事《想飞的小象》，讲述的是一只刚出生的小象羡慕小鸟会飞，自己学着小鸟飞，结果摔了个大跟头的故事。蛇、狮子、老虎告诉小象：我们不会飞，可是我们有自己的本领。小象最后领悟到它也有自己的本领。整个故事简单易懂，告诉幼儿每个人都有自己的本领，别小看了自己。

2. 情节生动有趣

情节具体，生动有趣，按一般顺序记叙。

例如，童话《三只小猪》《小红帽》。

3. 角色形象鲜明

在选择故事时，故事主人公无论是人物还是动物，形象应鲜明，就能吸引幼儿的注意。

例如故事《胆小先生》，有胆子特别特别小被老鼠逼到地下室住的胆小先生，还有嚣张、霸道的老鼠们。这两种形象形成鲜明的对比，让幼儿一下子就被故事中截然不同的两种性格的角色所吸引。

4. 情节按时间发展顺序展开，而且有起有伏

对于幼儿来说，倒叙、插叙的故事叙述方式不便于他们理解故事情节。故事按时间的发展顺序展开，不易分散幼儿的注意力，更易于幼儿理解。情节的起伏变化，会让整个故事更有悬念，激起幼儿对故事的兴趣。

例如故事《香喷喷的轮子》，小松鼠在散步时，意外地捡到了四颗巧克力豆。它把巧克力豆做成车轮，开着小汽车在田野上跑。它看见快被太阳晒晕了的小鸡，于是把两颗巧克力豆送给两只小鸡做了两顶太阳帽；看见老爷爷的纽扣掉了，送给老爷爷一颗巧克力豆做纽扣；最后一颗是被小松鼠吃了。然而结局也出乎意料，小松鼠最后得到了一辆漂亮的小汽车。整个故事按时间发展顺序展开，故事情节也有起有伏。

5. 故事要有针对性

（1）针对本班幼儿思想状况，选择相关主题的故事进行教育。如，发现幼儿不会分享，可选择童话《金色的房子》。

（2）选择故事要考虑季节、地区等因素。如，春天南方可选择童话《小蝌蚪找妈妈》，北方可选择童话《春天的电话》。

二、故事教学的核心目标

1. 理解故事中的人物、情节、表达的情感，理解故事中优美的词句

教师给幼儿讲故事时，可通过表情、动作、声音来表达故事的情感。教师可通过提出问题和幼儿一起探讨、回想故事中的情节，还可以鼓励幼儿根据故事中提供的线索自己进行推测、大胆想象后面故事情节的发展，改编故事的部分情节或续编故事的结尾。教师还应帮助幼儿理解故事中的一些优美的词句，增加幼儿的词汇量。

例如故事《借你一把伞》，其活动目标定位：理解故事中的每种动物与伞之间的特殊的关系，明白每个人都有适合自己的东西、适合自己的东西却不一定适合别人的道理。从故事中感受同伴互帮互助的快乐。又如故事《奇怪的事》，其活动目标定位：感受故事中有趣的情节，体验与自己的同伴、家人、老师做有趣的游戏是一件快乐的事。理解故事的主要内容，发现故事情节发展变化的规律，丰富词汇"惊讶""奇怪"。

2. 体会故事的语言美，运用恰当的语言、绘画、动作等形式表现自己对作品的理解

在幼儿初步理解故事的基础上，鼓励幼儿大胆地运用语言讲述、故事表演、绘画等不同的方式来表达自己对故事的理解。

例如故事《胆小先生》，其活动目标定位：感受故事情节的幽默夸张、语言的生动有趣；模仿故事中人物的对话，运用夸张的语言、大胆的表情表演故事。

3. 能较连贯说出所听故事的主要内容

在教师与幼儿一起讨论、回忆、理解故事后，引导幼儿较连贯地说出故事的大致内容。

例如故事《痒痒树》，其活动目标定位：在理解故事情节的基础上，学会较为连贯、完整地讲述故事的主要内容。

三、故事道具的准备

为了帮助幼儿更好地理解故事情节，明白故事的大意，教学时教师一般应采用较直观的教具，如手偶、教育挂图、图片、课件、故事动画等。教师在准备教具时要注意以下几点：

1. 道具应形象、方便、实用，有助于幼儿理解故事

例如故事《奇怪的事》，由于小蚂蚁要躲在树叶下，小松鼠要躲在袜子里，小兔要藏在帽子里，因此道具应该是活动的。可以在树叶、袜子、帽子后面做一个小口袋，分别装入小蚂蚁玩具、小松鼠玩具和小兔玩具。在帮助幼儿理解故事时，可以直接将玩具抽出来，方便、实用又直观。

2. 充分发挥背景图的作用

教师可以做独立的道具，将画有各个角色的图片剪下来，按故事情节的发展顺序，需要的时候直接贴在背景图上。如故事《想飞的小象》，背景图片中可以画上山、小河、草地、树木，在讲述故事时，把各个角色的图片贴在对应的背景图上。

四、幼儿故事活动过程设计

1. 导入环节：创设情境，引出故事

教师运用一定手段，设置一定的情境，引起幼儿听故事的浓厚兴趣。

（1）故事情境导入。对于幼儿而言，故事情境的导入具有很强的感染力。例如故事教学活动"小猴卖'○'"，教师可以扮演小猴，推着流动货架走入活动室，叫卖商品："卖'○'了，卖'○'了，我的'○'又多又好哟！""我是小猴，百货商店的售货员，今天有五个小动物来买'○'，小朋友，你来猜猜它们要买的到底是什么吧！"

（2）设疑提问，激发幼儿的兴趣。幼儿具有强烈的好奇心，一般而言，神秘的事物、神秘的问题，对幼儿更具有吸引力。例如故事教学活动"奇怪的事"，在活动开始前，教师用神秘的口吻向幼儿提问："小朋友，这几天树林里发生了一连串奇怪的事哦，想知道是什么事吗？老师也很想知道呢！"

（3）生活话题引入。让幼儿结合自己的实际生活，想想日常生活中发生在自己周围的事，更能激发幼儿对故事的兴趣。例如在故事教学活动"不怕冷的大衣"中，教师向幼儿提问："小朋友，冬天来了，老师觉得好冷啊！你们觉得冬天冷吗？你们是怎么让自己不冷的？小兔家有一件不怕冷的大衣，和我们平时穿的不一样，想看看吗？"

2. 教师生动有感情地讲故事

（1）教师要辅以适当的直观教具，如幻灯片、录音、木偶表演等形式。

（2）要用生动有感情的语言完整讲述，要用语调、动作、表情等渲染气氛，将故事讲得生动而富有感情。

下面以故事《奇怪的事》为例，具体分析如何讲述故事。

第一，动作方面

在讲故事的过程中，动作不可太多，动作太多容易分散幼儿的注意力，但又不能没有动作，生硬地讲完整个故事。适时做一些动作，不但可以吸引幼儿的注意，还可以让故事更生动有趣。例如，故事中"突然，它看见有一顶帽子在草地上跳来跳去"这一情节，教师做出帽子跳来跳去的动作，有利于加深幼儿的记忆——帽子是在草地上跳来跳去，不是跑，不是走。又如，故事中"小鸟忍不住大叫'快来看啊！帽子会吃草！'"，教师做出吆喝大伙来看的动作，表现出小鸟惊讶、紧张的心情。

第二，表情方面

教师的表情应根据不同的情景有不同的变化。

第一天，小树叶从小路的这头走到另一头，被小松鼠看见了，小松鼠十分疑惑：树叶怎么还会走路？故事讲到这里，教师模仿的小松鼠的表情应该是好奇，这样小松鼠才会跟着树叶从小路的这头走到另一头。第二天，小兔惊讶地看到有一只红色的袜子在树林里跑来跑去，小兔也感到十分惊讶。故事讲到这里，教师模仿的小兔的表情，应该是十分害怕而不是像小松鼠那样的好奇。

第三，语言方面

首先，应注意的是讲故事切忌像朗诵一样一句一句地念，讲故事的速度要适中。开始讲故事时速度要慢一些，引起幼儿的注意，也不可过慢，过慢会使幼儿感到疲劳。讲故事的过程中，适时的停顿、设置悬念也是必不可少的，声音的高低起伏更可以激发幼儿对故事的兴趣。其次，故事中如果出现多种动物、人物，要注意将每种动物或人物说话的声音区别开来，例如大象、老人的声音是低沉、浑厚的，小鸟、孩子的声音可以用高而尖锐的声音来表现。故事《奇怪的事》中出现的三种小动物——小松鼠、小兔、小鸟，都是比较小巧可爱的动物，要将它们的声音区分开比较困难。我们可以把小松鼠当成是小松鼠哥哥，把小松鼠的声音压低，小兔的声音可以是可爱的，小鸟的声音就可以是很高、很尖的。这样，三种动物的声音就能区分开了。

3. 帮助幼儿理解故事

理解故事的形式与方法要多样化。教师可以通过挂图、道具、故事表演和提问等方式，帮助幼儿理解故事的主题、情节、人物性格等。

会动的房子

小松鼠在树顶上住腻了，于是决定在地面上重新建造一座房子。在大树底下，它发现了一块大石头，由七块小石头拼成，很硬，也很光滑。小松鼠说："嘿，就在这上面造一座房子！"

房子终于造好了，忙了一天的小松鼠也累了，在新家里睡着了。

"呼呼呼！"什么声音？小松鼠被吵醒了。推开窗一看，呀！自己在美丽的山脚下，小风吹奏起动听的山歌。真奇怪，昨天还在树下，今天却来到了山脚下。可小松鼠又一想：没关系，山脚下也挺好的，有动听的山歌做伴。

第二天，又传来"哗哗哗"的声音。小松鼠推开窗一看，呀！又来到了大海边，浪花发出欢快的歌声。小松鼠这下可乐了，"我的房子会动，我的房子会动！"现在，小松鼠又有浪花声做伴。

第三天，小松鼠想，今天我来到哪儿啦！推开窗一看，呀！眼前是一片大草原，马儿在哒哒地奔跑。小松鼠禁不住在房子里手舞足蹈。

突然，传来一个声音："小松鼠呀，快别乱动。"咦，是谁呢？是这块硬硬的大石头？

"小松鼠你真粗心，把房子盖在我的背上，我驮着你走过了许多地方。"小松鼠低头一看，原来是乌龟，那硬硬的大石头竟然是乌龟的背。小松鼠惭愧得脸都红了，赶紧说："你，你累坏了吧？"乌龟说："不，这下我们俩可以做伴了。"

（1）描述性提问。（第一遍讲述后）

帮助幼儿了解故事内容大意。如，故事的名字是什么？故事中有哪些人物？

乌龟和小松鼠先后到过哪些地方？听到过哪些声音？

（2）思考性提问。（第二遍讲述后）

引导幼儿理解故事的主题、人物性格和心理特征等。如，房子为什么会动？这是一只什么样的小松鼠？你喜欢它吗？为什么？

（3）假设性提问。（引起幼儿想象、讨论等）

如，乌龟还会带小松鼠到哪儿去？它们还会听到什么声音？如果你是小松鼠，你还会让乌龟带你去哪儿？

4. 引导幼儿再次完整欣赏故事

在幼儿理解故事之后，教师可以通过一些轻松、有趣的形式，让幼儿再次完整地欣赏故事。这个环节，不宜再由教师讲故事，因为幼儿集中注意的时间有限，且教师在讲完一遍故事以后，幼儿已经知道了整个故事情节，如果再由教师自己讲故事，幼儿会听不下去、坐不住。这个环节可以采取一些有趣、灵活的形式，让幼儿在轻松的环境中听故事。教师可以利用多媒体播放视频动画，引导幼儿再次欣赏故事；可以利用手偶，配合故事录音，完整表演故事，引导幼儿欣赏。

5. 延伸活动

（1）续编故事，编高潮或结局。幼儿对故事的创编是建立在一定的理解能力、语言表达能力和生活经验的基础上的，因此对于不同年龄段的幼儿，对故事创编的要求也不同。

（2）故事表演。表演游戏可以激发幼儿对故事的兴趣，加深幼儿对故事的理解。在延伸活动中，教师可引导幼儿根据作品的主要内容，运用夸张的表情、丰富的肢体动作、清晰的语言，创造性地表演故事内容。

（3）复述故事

幼儿在听故事、理解故事、完整地欣赏故事之后，对故事的情节已经有了印象。这时，教师可利用挂图、无声视频等，让幼儿跟着画面复述故事。挂图和视频的内容可以给幼儿一些提示，在回忆的过程中，幼儿会对故事记忆得更加深刻。

总之，故事教学的组织与指导，可以根据幼儿的已有经验、故事的内容灵活多变，但最根本的是要激发幼儿听故事的兴趣，培养幼儿良好的倾听习惯，发展幼儿的想象力和创造能力。

知识拓展

幼儿故事赏析

小猴子下山

有一天，一只小猴子下山来。

它走到一块玉米地里，看见玉米结得又大又多，非常高兴，就掰了一个，扛着往前走。

小猴子扛着玉米，走到一棵桃树下。它看见满树的桃子又大又红，非常高兴，就扔了玉米去摘桃子。

小猴子捧着几个桃子，走到一片瓜地里。它看见满地的西瓜又大又圆，非常高兴，就扔了桃子去摘西瓜。

小猴子抱着一个大西瓜往回走。走着走着，看见一只小兔蹦蹦跳跳的，真可爱。它非常高兴，就扔了西瓜去追小兔。

小兔跑进树林，不见了。小猴子只好空着手回家去。

赏析

这个故事告诉我们做事要专心致志、一心一意。如果总是三心二意的话，就会顾此失彼、一事无成。同时，这个故事也告诉我们不要盲目从众，看见别人干什么就去干什么，目标要明确，要朝着一个方向努力。

主题3 幼儿故事教学活动案例

　　本主题收录了小、中、大班以"故事"作为素材设计的教学活动案例各一例，分别为小班语言活动《水果屋》、中班社会领域活动《交警爸爸的故事》、大班综合活动《漂亮的颜色》。

一、小班语言活动：《水果屋》

设计意图：

这是一个想象丰富、富有童趣的故事，它讲述了熊妈妈和熊宝宝收获水果、搭建"水果屋"的故事。故事内容简单，易于小班幼儿学习。幼儿通过故事活动丰富了词汇，感受到故事中生动形象的语句，在老师的引导下能运用简单的语言讲述画面的内容，并在集体面前大胆地表达。老师以此激发幼儿想说、敢说的欲望，从而逐步提高幼儿的口语表达能力。

活动目标：

1．初步理解故事的情节，感受文学作品的趣味性。

2．理解动词：摘、拉、推、塞。

3．乐意在实践活动中说一说，做一做。

活动准备：

1．知识经验准备：幼儿对于水果有丰富的经验，知道秋天是个丰收的季节。

2．物质材料准备：幻灯课件；小推车。

活动过程：

1．观看图片，欣赏故事内容

（1）出示图1：美丽的秋天到了，果园里结满了水果，熊妈妈带熊宝宝去果园看看吧。看，熊妈妈的果园里结满了哪些水果？（说出水果的颜色）熊妈妈和熊宝宝在干什么？（摘水果）我们一起跟熊妈妈和熊宝宝来摘水果。（做摘的动作，边摘边说：摘了一个又一个，摘了一个又一个）

（2）出示图2：熊妈妈和熊宝宝摘了一个又一个，装了满满一车子，熊妈妈在干什么？（拉车，做拉车的动作）熊宝宝在干什么？（推车，做推车的动作）

（3）出示图3：看，水果把屋子都怎么样了？（塞得满满的，做塞的动作）熊妈妈和熊宝宝没地方住，只好住在外面了。天黑了，好冷！熊妈妈和熊宝宝被冻得睡不着觉，怎么办呢？熊妈妈和熊宝宝想出了一个什么办法？（用水果盖间大房子）

（4）出示图4：我们看看熊妈妈和熊宝宝的水果屋是怎么做的呀？（用西瓜做墙，用苹果做屋顶，用梨和葡萄做门窗）美丽的水果屋盖好了。

（5）出示图5：水果屋里的桌子和椅子又是用什么做的？（熊妈妈、熊宝宝和小动物们在一起吃水果，真开心）

（6）看课件完整欣赏故事。

2．情境游戏，理解故事内容

（1）认识水果：果园里都有些什么水果呀？（红红的苹果、紫紫

的葡萄、黄黄的梨子）

（2）摘水果：我们一起来摘水果吧！苹果一个个摘下来，梨子一个个摘下来，瞧！还有什么水果呀？（葡萄）葡萄还是一个个的吗？（丰富词汇：一串串）

（3）运水果：摘了这么多的水果呀，我们怎么把它们拿回家呢？哦！这里有推车，我们把水果塞在推车里，把水果运回家吧！我们一起来塞水果，塞苹果、塞梨子、塞葡萄……把箱子都塞得满满的，现在我要把水果拿回家了。嗨哟嗨哟！车子太重了，我拉不动，谁来帮帮我？哎呀，到家啦！让我们坐下来休息一下吧！

3. 装扮房子，巩固故事内容

小朋友，我们刚才摘了很多水果，我们有这么多的水果可以干什么呀？（可以卖水果，可以搭水果屋……）我们真的也能搭个水果屋吗？那我们去试试看，好吗？

4. 结束活动

师：我们现在有这么多水果可以干什么呀？

幼：可以卖水果、可以搭水果屋……

师：我们真的也能搭个水果屋吗？那我们去试试看，好吗？

延伸活动：

可在户外活动时开展用小车运沙袋活动，锻炼幼儿推、拉的技能。

附故事：

水果屋

秋天到了，熊妈妈的果园里结满了各种各样的水果，有红色的桃子、黄色的香蕉、绿色的西瓜、紫色的葡萄。

一天清晨，熊妈妈和熊宝宝高高兴兴地来到果园里摘水果。他们摘了一个又一个，装了满满一车子，熊妈妈在前面拉车，熊宝宝在后面推，"嗨哟嗨哟"把水果运回了家。

水果太多了，把屋子塞得满满的。熊妈妈和熊宝宝没有地方住，只好睡在外面了。晚上，天好黑，好冷！熊妈妈和熊宝宝冻得睡不着觉，在院子里走来走去。后来，他们想出了一个好办法，用水果盖间大屋子。

熊妈妈和熊宝宝用西瓜做墙，用苹果做屋顶，用梨子、葡萄做门窗……美丽的水果屋盖好了。

瞧！屋里的桌椅也是水果做的。熊妈妈和熊宝宝每天都可以吃到水果了。小动物们都来啦！他们吃着水果，跳着舞，高兴极了。

二、中班社会领域活动：《交警爸爸的故事》

设计意图：

中班幼儿对于父母的职业时常会有交流，但对于父母的具体职业有着一些错误认识，无法正确理解父母的职业，对一些职业有着异样看法。所以设计此活动教案，通过故事情节让幼儿了解交警这一职业，并且介绍自己爸爸的职业来让幼儿萌发对于职业的初步认识，激发对爸爸的崇敬之情。

活动目标：

1. 理解故事，初步了解故事中交警爸爸的工作特点。

2. 能够向同伴介绍自己爸爸的职业及工作特点。

3. 乐于介绍自己的爸爸，激发对爸爸的崇敬之情。

活动准备：

1. 经验准备：活动前向自己爸爸了解他们所从事的工作。

2．物质准备：《交警爸爸的故事》故事及图片；各职业"爸爸的工作"组图2~3份。

活动过程：

1．谈话导入，鼓励幼儿自主介绍自己的爸爸

——谁来介绍下自己的爸爸？你可以介绍爸爸的长相，也可以介绍爸爸喜欢吃什么，还可以介绍爸爸最喜欢做的事。

小结：每个人的爸爸都不一样，但每个爸爸都很爱自己的孩子，我们也很爱自己的爸爸。

2．播放故事音频及图片《交警爸爸的故事》，引导幼儿初步了解交警爸爸的工作特点

（1）播放故事音频，鼓励幼儿猜测故事中爸爸的职业。

——今天给大家介绍一位爸爸，这个爸爸可神气了，让我们一起听一听故事吧！

——你觉得这个爸爸神气吗？为什么？

——有谁知道这个神气的爸爸是做什么工作的？

（2）出示组图，引导幼儿从工作内容、服装等了解交警的工作特点。

观察图片，学习"通行"和"停止"的手势。

——故事中神气的爸爸原来是一名交警。交警爸爸用什么办法让这么多的车和人听他的指挥？

——我们一起学一学交警爸爸指挥交通时的手势吧。

发现交警警服的特别之处。

——交警爸爸的警服有什么特别的地方？

——如果爸爸不穿警服去指挥交通可以吗？为什么？

小结：交警爸爸穿着反光背心，戴着白色手套，在马路中能够更加醒目，方便车辆和行人看清指挥；交警爸爸工作时必须穿着警服，才能让人们知道他是指挥交通的人并看清指挥手势，不然路上可能会一片混乱。

（3）播放故事音频及图片，引导幼儿感受交警爸爸的敬业，并大胆表达自己对"交警爸爸"的情感。

——故事的最后一句话说爸爸工作的时候是怎样的？

——"坚守岗位"是什么意思？（一直认真、负责地工作）

——这个爸爸真神气，不论春夏秋冬、不管风吹日晒，始终认真、负责地站在马路上指挥交通。你想对他说些什么？

3. 出示组图"爸爸的工作"，鼓励幼儿介绍自己爸爸的工作，激发对爸爸的崇敬之情

（1）看一看"爸爸"的工作照。

——看一看，图片中的爸爸是做什么工作的？

（2）说一说自己爸爸的工作。

——你知道自己爸爸的工作吗？请和同伴分享一下你爸爸工作的事吧！

（3）鼓励幼儿夸一夸自己的爸爸。

——每个爸爸都有自己的工作和本领，无论是哪个职业，都能在他们的岗位上为人们贡献力量，他们都是最神气的爸爸。让我们一起夸一夸自己的爸爸吧！

——你想从哪些方面夸夸爸爸？

——你想怎么夸呢？

（如：我的爸爸是一名医生，他帮许多病人看病，他很厉害；我

的爸爸是一名警察，他保护大家的安全，他很勇敢）

活动延伸：

在语言区，投放画笔和纸，鼓励幼儿自制图书《我爸爸的故事》，以照片、绘画的方式记录自己爸爸的工作及其他有关爸爸的事，制作成主题墙。

附故事：

交警爸爸的故事

有一个爸爸可厉害啦！你知道吗？这个爸爸呀，十字路口的一切都归他管，不论是公共汽车还是大卡车，不论是小汽车还是行人……爸爸只要站在十字路口的中央，两手伸平并摆动一只手臂，汽车就从他面前开过；他伸直手臂向上一举，咦？所有的车辆和行人都暂时停止了前进。爸爸上班必须穿上警服，要是哪天爸爸穿普通衣服去上班，那就糟糕了。大街上将一片混乱，吵吵闹闹，谁指挥汽车和行人呢？不管春天阴雨绵绵，不管夏天热浪滚滚，不管秋天秋风瑟瑟，也不管冬天风雪漫天，爸爸总是坚守岗位。

三、大班综合活动：《漂亮的颜色》

设计意图：

漂亮的颜色往往对幼儿有很大的吸引力，并给幼儿以美的享受。大班幼儿对颜色特别敏感，每次看到新鲜事物，他们首先注意到的是这一事物的颜色。针对这一现象，我们开展了"多彩的世界"主题活动。《漂亮的颜色》这篇故事以拟人化的手法，通过小蜡笔带领小动物去周游世界，看不同地方不同颜色的自然景物，让幼儿直观地认识几种常见的颜色，感受各种颜色的美，体验多彩的世界。同时，让幼儿通过欣赏一幅幅不同色彩的画面，在猜猜、看看、听听中大胆地想象、表述，以实现发展幼儿的语言表达能力、想象力及创造力的活动意图。

活动目标：

1．理解故事内容，感受各种颜色的美。

2．能大胆地想象，尝试用较连贯的语言大胆表达。

3．学习大胆用色，装饰图画。

活动准备：

1．经验准备：活动前认识绣球花、乌鸦、鲸。

2．物质准备：教学图片六幅、视频展示仪、电视机、故事录音、录音机。

活动过程：

1．导入活动，引起幼儿的兴趣

师：今天，老师请来了几位小客人，你们看是谁？

（1）展示图片1，提问：

你们喜欢哪位小客人呢？为什么？

（2）那你们猜猜小黑鼠、小黑熊、小乌鸦喜欢什么颜色呢？为什么？

（3）我们来听听小动物是怎么说的？（听录音）他们说什么？你们同意他们的意见吗？

师：可是小蜡笔听了很不服气，他决定带小黑鼠、小黑熊、小乌鸦去周游世界（展示图片2），小朋友们想不想跟小动物们一起去呢？

2．理解故事内容，感受各种颜色的美

（1）在猜猜、看看、听听中引导幼儿大胆想象、表述。

①你们猜猜绿蜡笔会带小黑鼠、小黑熊、小乌鸦到什么地方呢？

为什么？

师：我们来看看小朋友猜的对不对？（展示图片3）

②接下来谁会带小动物们去周游世界呢？

师：我们来听一听黄蜡笔和紫蜡笔带小动物们到了哪里？（我们来听一听谁会带小动物们去周游世界？他们到了哪里？）看见了什么？（听录音）

提问：他们到了哪里？看见了什么？（展示图片4）

③还有谁会带小动物们去周游世界呢？蓝蜡笔会带小动物到哪里？看见了什么？（展示图片5）

④接下来还有谁会带小动物们去周游世界？红蜡笔会带小动物们到哪里？看见了什么？（展示图片6）

⑤小黑鼠、小黑熊、小乌鸦在小蜡笔的带领下周游了世界，他们知道了哪些漂亮的颜色？小动物们终于知道了这么多漂亮的颜色，原来，世界是这样的五彩缤纷，他们又会去干什么呢？

师：让我们一起听一听故事——《漂亮的颜色》。

（2）完整欣赏故事。

边听边看电视，提问：

①小黑鼠、小黑熊、小乌鸦又去干什么了？

②他们又会找到哪些新颜色呢？

师：小黑鼠、小黑熊、小乌鸦又找到了许多漂亮的颜色。你们想不想也到外面的世界去看一看、找一找，然后把看到的东西用漂亮的颜色画下来？（听《郊游》音乐，教师带幼儿出活动室）

活动延伸：

绘画"漂亮的颜色"：带领幼儿到大自然里走走、看看，寻找自己喜欢的颜色，让他们在大自然里感知更多的色彩。鼓励幼儿把自己看到的东西用漂亮的颜色画下来，并用语言表达自己对色彩的感觉。

附故事：

漂亮的颜色

小黑鼠、小黑熊、小乌鸦是好朋友，他们说黑色是最漂亮的颜色。

小蜡笔们决定带他们去周游世界，看看缤纷的五彩天地。

蓝蜡笔带他们来到了海边，蓝色的海水、蓝色的鲸，连喷泉也是蓝色的；黄蜡笔带他们来到了花园，黄色的花瓣、黄色的蜜蜂，连小黑鼠身上也沾着黄色的花粉；绿蜡笔带他们来到了森林，绿色的树、绿色的草、绿色的大地，小乌鸦忍不住"啊呀呀！啊呀呀！"地唱起了赞歌；红蜡笔带他们来到了果园，红苹果、红荔枝、红草莓，还有红瓤的大西瓜呢！白蜡笔带他们去了遥远的北方，白色的雪花、白色的雪山，堆个白雪人真好玩；最后，紫蜡笔带他们来到了绣球花中，紫色的花苞、紫色的花蕊，躺在中间睡一觉，连梦都是紫色的。

小黑鼠、小黑熊、小乌鸦终于知道了世界上还有这么多漂亮的颜色呢！

瞧！他们又出去找新的颜色了。

知识拓展

幼儿故事赏析

老鼠报恩

一头狮子正在睡觉，一只小老鼠没有见过狮子。

老鼠：（边看着边想）这是什么草呀？毛茸茸的。

它看见狮子的尾巴还以为是一种奇怪的草，它拿起狮子尾巴又拉又扯把狮子疼醒了。

狮子一甩尾巴把小老鼠摔在地上。

老鼠：好疼呀！

狮子：该死的老鼠，你竟敢欺负到我的头上！

老鼠：对不起，我不知道是你大王呀，大王你饶了我吧！以后我一定会报答你的！

狮子听了得意地哈哈大笑起来，放走了小老鼠。

过了一段时间，狮子掉进了猎人的陷阱。

狮子：救命呀，救命呀！

老鼠（听到狮子的呼救声，急忙跑了过来）：大王你别着急，我来救你！

狮子：你这么小，怎么救得了我？

老鼠：你放心，我自有办法。

原来老鼠看到树上的绳子心里有了主意，它爬到树上，咬断了绳子，救出狮子。

狮子：没想到你还有这个本事，真是太谢谢你了！

（老鼠跳到狮子身上）狮子驮着老鼠高兴地离开了。

赏析

这个故事以弱小的老鼠救下凶猛的狮子为主线，让孩子了解到：帮助别人是一件很快乐的事情。并不是只有强大的人才能帮助弱小的人，弱小的人也可以去帮助强大的人。无论强大还是弱小，我们都应互相尊重。

专题五

讲好幼儿故事与故事表演

　　《幼儿教育纲要》中指出："要让幼儿通过认识和感受生活中的声音、色彩、符号、标志以及学习儿童文学作品、音乐、舞蹈、美术等，运用多种方式，积极地、有个性地、创造性地表达和表现在共同生活和探索世界的活动中所获得的感受与认识，并体验表达与表现的乐趣。"故事表演能激发我们将自己看过的、听过的、熟悉和喜爱的故事，改编成适合幼儿年龄特点，适宜幼儿发挥的、独特的故事剧本，并指导幼儿进行故事表演的活动。

主题1　幼儿故事表演的概述

导语

　　艺术教育作为五大教育领域之一，具有其独特的教育作用，在不同领域的交叉和融合过程中发挥着重要作用。而艺术教育旗下又有众多的分支教育，其中故事表演教育在艺术教育的领域中扮演着非常重要的角色。故事表演对幼儿来说是一种较好的游戏和学习形式，它不仅能被幼儿所接受，还能让幼儿的语言表达能力得到提升。

一、故事表演形式

　　故事表演是深受幼儿喜爱的一种活动。它是根据幼儿熟悉的儿童文学作品内容，以表演的形式，通过角色对话、肢体动作、手势、表情等手段，创造性地表现和再现文学作品的一种表演活动。而正因为它是以文学作品的内容情节为依据，幼儿在表演活动中往往只是简单、机械地再现作品。其实故事表演本身具有自发性和创造性，幼儿在表演时，需要运用已有的知识经验，通过头脑的加工，进行再创造和创造性想象，包括创造性地运用动作、表情，增减情节、角色，删改对话，替换词语等，因而它是一种极富有创造性的表演活动。

　　故事表演活动，我们经常采取两种形式，即自主、自发性故事表演和编排、舞台型故事表演。在帮助幼儿深入理解故事作品的基础上，我们尝试组织幼儿进行故事表演的活动，进一步引导幼儿迁移故事经验，培养多种能力。

1. 自主、自发性故事表演

故事表演是幼儿学习故事后，根据对故事的理解，在教师的组织下或幼儿自主自发地运用对话、动作、表情、眼神等再现故事情节、塑造故事角色形象的一种表演活动。自主、自发性的故事表演多由对故事感兴趣的幼儿自主进行，教师可以为幼儿提供头饰、场景、道具，也可以不需要任何特殊准备和场景布置，仅利用身边的现有的物品辅助表演。在这个过程中，幼儿自主、自发地选择角色，在轻松愉快的角色扮演中充分表现自我，获得积极的情感体验。教师可以帮助幼儿结合幼儿自己已有的相关经验，将故事的情节、内容通过理解内化后重新整合、巩固、升华，以幼儿自己对故事的理解为主进行故事表演，增强幼儿语言、动作、技能的发展，通过幼儿对故事角色的即兴发挥、即兴创造性表演，达到自娱自乐的效果。

例如故事《大嘴青蛙》，孩子们熟悉故事后，掌握了故事中的角色对话，自由选择自己要表演的角色，如大嘴青蛙、公鸡先生、兔子先生、鳄鱼先生或小鸟，和小伙伴一起进行故事表演。在这个过程中，孩子们会思考自己要扮演的角色是什么，要说哪些话，要做什么动作，站在什么地方，什么时候开始表演，哪一个角色表演后接着就是我，等等。每一次表演后，孩子们收获都会不一样，在这个过程中，孩子们学会了分工、合作、协商与调整。

2. 编排、舞台型故事表演

故事表演还有一种常见的形式，即以经典故事为原型，改编成适合幼儿表演的故事剧本，由老师和孩子操作木偶、道具或人偶结合，在舞台上进行故事表演。不管是参与表演的孩子，还是观看表演的孩子，都非常喜欢这种舞台表演的形式。作为老师，需要参与其中。从选择适合表演的经典故事、改编适合孩子表演的故事剧本、设计舞台布景，到和孩子们一起制作各种表演道具、分配角色，一遍遍尝试排练，教师和幼儿在一场场表演中，都会收获很多。

案例故事《拔萝卜》，我们采用手偶表演故事的形式，制作了大型"手偶表演舞台"，在六一儿童节的当天进行了好几场的演出，非常受欢迎。《拔萝卜》的故事，大家都非常熟悉，而且台词排比重复，易于记忆，故事角色是逐一上场，道具需求也不算复杂（如一个又红又大的萝卜，叶子做得夸张一些；背景是草地、房子、大树等常规道具），就这样我们选择了故事表演《拔萝卜》，作为当年六一儿童节的系列活动之一。在设计表演的时候，有一段我们设计的故事剧本是："太阳渐渐下山了，月亮慢慢升起来了，老爷爷和小萝卜要和大家挥挥手说再见了。"太阳和月亮的升与降怎么合理表现？经过一次次探讨和尝试，我们最后确定的最佳方案是："制作一个带有手杆的太阳和月亮。一位孩子专门负责太阳下山的表演，一边移动着太阳的方位，一边一点点降低高度直至完全降落至'山下'；而另一位负责月亮升起来的孩子则同时从舞台一端一点点将月亮升高并移动方位升至天空（由于月亮停留时间较长，为了让孩子不感到疲劳，后台有椅子，可以在月亮定位后坐下来休息，另外手杆做得比太阳更长一些）。"需要说明的是太阳和月亮移动的节奏把握，要突出缓缓的效果。记得那一次的排练中，为了达到最好的效果，台上负责表演的孩子们一遍遍尝试，台下看表演的孩子们不断提出自己的看法，然后大家轮流尝试。可见，一个故事不仅可以讲述，还可以进行故事表演，在表演中我们会做很多很多的尝试，经过不断调整、改进，孩子们收获的不仅仅是一个故事的内容传递，更是全方位的收获和成长。如果从每一个故事表演的细节去剖析，就可以清楚地感受到："台上三分钟，台下三年功。"

二、故事表演对幼儿教育的重要意义

故事表演是一种综合性表演艺术，是演员根据故事情节，运用语言、表情、肢体的合理配合，生动形象地将故事最原始最真实的一面展现给观众。同时故事表演作为一种教育形式，对正处在大脑开发黄金期儿童的发展起着极其重要的作用。

1. 故事表演教育对幼儿审美能力发展的重要意义

故事表演课的内容非常丰富，这些内容都是与美育相关的内容，通过这些内容实现对幼儿的美育教育。通过这些故事表演能够培养幼儿对艺术的兴趣和爱好，提高他们对艺术的感受力。同时，在故事表演的感染下提高了幼儿的审美能力，激发幼儿感受美、表现美的情趣，丰富他们的审美经验，促进幼儿对美好事物的喜爱和对美好生活的向往，建立起健康的审美观点，使每个幼儿都感到"心情愉快，情绪安定"，真正获得美的体验，进而达到美育的教育目的。

2. 故事表演教育对幼儿情感发展的重要意义

艺术是一种特殊的力量，它能够触动人的情感。美好的艺术教育能够使人振奋，能够使人受到感染。幼儿时期正是幼儿情感由低级向高级逐步发展的阶段。随着幼儿社会交往经验不断丰富，情感体验也会越来越丰富。通过故事表演教育能大大促进幼儿情感的健康发展，使其懂得对美好的喜爱和对丑恶的憎恨，产生同情心和自豪感。

3. 故事表演教育对幼儿记忆力发展的重要意义

幼儿学习故事表演，首先是靠听，然后在多次视听中学会欣赏故事内容，分析故事情节，感受故事内涵，表达故事情感。比如故事《聪明的小羊》，在这部故事情景剧中有小羊、狼和牧羊人三个角色，充满着喜剧色彩。当幼儿在听这部情景剧的时候，会非常好奇故事的发展情节，因此在好奇心的带领下，幼儿会对故事每个细节产生

深刻的记忆。听觉带动兴趣、兴趣带动体验冲动，当然在此过程中幼儿不仅靠听觉学习，而且更要靠记忆来巩固，在不断地学习过程中幼儿的记忆能力会得到增强与提高。

4. 故事表演教育对幼儿想象力、创造力以及语言发展的重要意义

故事表演能够促进幼儿想象力的发展。幼儿时期正是形象思维占主要地位的时期，是由再造想象逐步到自创造想象发展的时期。幼儿在内容丰富的故事表演活动中，运用想象进行再创造。幼儿在兴趣的带领下，牢牢地记住故事以及相关的创作。

5. 故事表演教育对幼儿个性发展的重要意义

幼儿园的教育往往是在教师的指导和幼儿的参与下进行的，这使每个幼儿都有参与表现的可能，但要注意并不是每个幼儿都乐于参加，他们之间存在着极大的个体差异即个性不一。因此，故事表演教育主张因材施教，针对每个幼儿不同的个性，发展不同的艺术特征，培养幼儿对艺术的兴趣、陶冶艺术情操，发展幼儿产生积极向上的心态，养成活泼开朗的性格，为将来良好个性的形成打下坚实的基础。通过积极地参与故事表演活动，如当小演员、当小指挥、当小老师，使那些胆怯、自卑的幼儿在艺术的舞台上找到自信，变得勇敢、自信、坚强，敢于表现自我，形成自尊、自立的性格。同时在共同的活动中，可以帮助幼儿从小养成团体合作意识和集体荣誉感以及自己独特的艺术个性。

知识拓展

幼儿故事赏析

萝卜兔的故事

森林里住着一只兔子，它非常喜欢吃萝卜。

　　小伙伴们给它起了个名字叫"萝卜兔"，萝卜兔在自家门口种了很多的萝卜。

　　它每天给萝卜拔草、浇水，一天天过去了，萝卜长得又大又多。

　　萝卜兔非常地开心！有一天，天气很好。

　　萝卜兔想去旅行。可是没有车，怎么办呢？

　　（它用最大的一个萝卜做了一辆萝卜车，开着萝卜车去旅行）

　　突然，前面的一条沟挡住了萝卜车的去路，怎么办呢？

　　萝卜兔用一块小木板放在沟上，推着萝卜车向前。

　　突然，听到"嘎吱"一声。

　　哎呀，不好啦。

　　小木板断了，萝卜车掉进了沟里。萝卜兔心里真着急，怎么办，怎么办呢？有了，给萝卜车浇水，萝卜车长出叶子啦。它抓住萝卜叶，用力往上拉，哈哈，萝卜车上来了。

　　这次萝卜兔用一块大木板放在沟上，推着萝卜车过沟了。

赏析

　　《萝卜兔的故事》讲述了一只爱吃萝卜的兔子想去旅行，可是没有车子，最后它想出一个办法——用最大的萝卜来做一辆车。故事情节生动、有趣。这个故事告诉我们，如果遇到了困难，那么就应该开动脑筋想一想应该怎么办。只有努力去做，才有可能得到意想不到的成果。

主题2　幼儿故事表演的组织与实施

导语

　　在幼儿园语言教学中，故事表演常常被用于帮助幼儿理解、体验作品的内容。故事表演是一种游戏，幼儿在这个过程中获得了比表演更深层次的学习品质。经过排练和表演，幼儿各方面的能力都得到了稳步的提升。那么，如何有效地开展故事表演活动呢？教师可以从以下几点进行：一是精心选材；二是适度参与；三是逐步提升。

一、精心选材，关注作品的内在价值

　　选择内容是故事表演活动中的一个重要环节，教材的内容是否适合幼儿表演直接影响着幼儿参与活动的积极性。材料是故事表演活动中不可缺少的物质基础，它能吸引幼儿，激发幼儿参与表演活动的意愿与兴趣，提示幼儿在一定的故事情景中进行表演。

　　1. 作品的适应性

　　适应性关系着表演内容的生命力。由于幼儿的智力水平和审美特点，选择的作品应该情节生动有趣，条理分明，脉络清楚，事件的逻辑关系要简单、明快和富有趣味，故事中涉及的人物、情节和背景都应是较为单纯的。过多的枝节会使叙述断断续续，幼儿就难于领会把握。所以小班及中班上学期要选篇幅短一点、情节简单一点、角色少一点儿、语言简单重复的故事，使表演更加生活化，如《小兔乖乖》《唱歌比赛》《拔萝卜》等；而中班下学期及大班则可选情节复杂一点儿、篇幅长一点儿、文学性强的故事，如《小羊和狼》《老虎外婆》《狐狸和公鸡》等。

2. 作品的趣味性

作品的趣味性影响着幼儿表演的积极性。只有给幼儿真正喜欢的、让他们感动的作品，才能在他们的心里留下痕迹，才能让他们感到安慰、快乐、明朗和充满爱，才能不经意间在他们的生命中埋下健康的种子。因此，我们在选择故事时要充分考虑其内容的丰富，情节的曲折。故事的角色要是幼儿喜爱的人物或动物，有鲜明的性格特点和语言特点，能符合幼儿好奇、好新、富于幻想的心理，对其充满想象。故事情节既要有足够的趣味性，更要有足够的灵活性，能给幼儿进行创造的空间，尽量做到"寓教于乐"。

3. 作品的教育性

作品的教育性意味着幼儿受益的深远性。文学作品的首要价值是通过审美去愉悦幼儿，通过真善美去打动幼儿，使得幼儿通过倾听、观看和表演后，能从中受到一些知识的启迪、情感的陶冶，从而形成活泼开朗、积极向上的性格趋向，养成一生受用的良好的行为习惯。因此传达正确的健康的人生观是非常重要的。如，《小兔乖乖》是让幼儿懂得大人不在家时不能随便给陌生人开门，学会自我保护的方法；而《拔萝卜》则使幼儿懂得了团结力量大的道理；《萝卜回来了》和《公鸡和狐狸》则透露出了朋友间浓浓的关爱之情；等等。

二、适度参与，关注幼儿的学习空间

1. 自然入戏，边演边学

除了传统的先学习故事再进行表演的模式。在幼儿未接触故事之前，先给幼儿分配角色，让幼儿通过参与说和讲的表演，来了解故事。幼儿有时并不需要事先知道故事的内容，而是通过教师的引导和幼儿的参与，自然而然地了解故事内容。

比如《逃家小兔》这个故事，在活动一开始，教师就扮演兔妈妈，然后挑选六个幼儿扮演小兔子的六种不同的身份。在大家都不知道故事情节的情况下，孩子们在兔妈妈的引导下，大胆地想象和创编，自然地形成了故事的轮廓和内容。而且在轻松愉快的气氛中，幼儿从一个被动的观众，转变为一个主动的演员。作为参与者，他们和教师一起讲故事、演故事，体验着文学作品中的情感和思想。

2. 积极畅想，丰富台词

故事中的对话就是幼儿进行表演的台词。台词的趣味性、生动性、形象性直接影响着幼儿学习的积极性和表演的整体效果。有的原作在语言运用上和幼儿的接受水平差距较大，这就要在语言的改动上下功夫。

例如在学习故事《狼和小羊》时，有一个环节是讨论各种小动物和小羊的对话，可以请幼儿分别饰演其中的各种小动物，请他们用自己的想法来和小羊对话。没有固定的答案，适合故事情节就可以，教师只是在语句的组织和词汇上进行纠正和润色。这样的形式减少了对幼儿的限制，让他们能够更加积极地去想象，更加投入地参与到表演中。

3. 调整旁白，串联情节

表演的初始阶段，幼儿可能对情节的串联感到有些困难，常常有脱节和表演中断的现象。此时教师可以充当旁白的角色，提示幼儿故事发展的相关情节，幼儿可以根据教师的旁白做出相应的肢体动作并进行对白。

三、逐步提升，关注幼儿的表演平台

1. 区域表演，提升能力

为了使每个幼儿都有表现与表达的机会，给予幼儿自由的时间和空间，可以让幼儿自由结伴，自由分配角色，让他们在区域内自由发挥。这样一来，既提高了他们的故事表演能力，又增强了他们之间的合作意识。让幼儿有意识地去思考和发现问题，相互协商和讨论，说一说演得怎么样，还存在什么问题。在幼儿讨论的基础上，教师再给予一定的指导，让每一个孩子都有不同程度的提高。

2. 剧场演出，绽放精彩

在每一个表演活动结束时，我们都会开展一次小剧场表演活动。有时同一个文学作品由几组幼儿分别演出，邀请家长或其他班级的小朋友到剧场观看表演。小剧场表演活动提供给幼儿更多展示自己的机会，每个孩子都会很投入，都能用自己的方式参与到活动中。在这样的活动中幼儿不是以演给谁看为目的，而是为了探索、追求表演的满足感与快乐感。不仅口头语言得到了提炼和纠正，文学语言得到了丰富和积累，同时幼儿的注意力、想象力、思维能力、记忆力、创造力以及同伴间的合作能力也得到了提高。

🌸 **知识拓展**

幼儿故事赏析

公鸡和狐狸

据说有一只公鸡健壮勇猛，常常在农家院子里昂首疾走，领导着

其他的家禽们度过一天又一天。然而有一天，一只狡猾的狐狸悄悄地潜入了农家的院子，并把眼光定在了公鸡身上。狐狸认为公鸡是个好餐点，于是开始打起了公鸡的主意。

狐狸先试探着走了过来，要将公鸡引诱，但公鸡很机警，不肯上当。狐狸动用了自己的智谋，让其他的家禽骂公鸡，说它胆小怕死。公鸡不愿被人误解，于是化被动为主动，决定跟狐狸来一场计中计的较量。

公鸡故意让自己的颜色变得暗淡了些，并在狐狸的面前跑起来，仿佛软弱无力，就要成为狐狸的猎物。而狐狸也以为公鸡已被自己的智谋所迷惑，认为自己要得手了。就在狐狸要定夺的一瞬间，公鸡大喊一声："谁敢吃我一口，我不会让它轻易地跑走！"狐狸受了惊吓，一脸惊恐地溜掉了，从此不再来骚扰公鸡和其他的家禽了。

赏析

这个故事告诉我们，勇气和智慧是我们在生活中必须具备的品质。公鸡用自己的智慧来对抗狐狸的狡猾，让我们看到了机智与勇气相结合是多么的强大。生活中也有许多像狐狸一般的人，他们可能会欺骗你，但你一定要保持警惕，用自己的勇气和智慧去解决问题。

主题3　故事表演的指导策略

导语

　　为了使幼儿能更好地进行故事表演并能在表演中得到发展，教师应对表演进行正确的指导。一是音乐指导；二是故事指导；三是用语言指导幼儿的表演；四是在活动区中指导幼儿舞台表演。

一、音乐指导

音乐是一个活动的灵魂，选择一段好的音乐，活动就成功了一半。音乐里的隐含的"潜导语"可以在潜移默化中指导幼儿的表演。

1. 音乐起到了一个提示角色的作用

比如，老师在组织活动"小白兔与大灰狼"时，选择了两段式音乐，一段是诙谐可爱的，一段是低沉可怕的。当第一段音乐响起时，孩子们就知道扮演小兔子的幼儿该出场了；听到第二段音乐，扮演大灰狼的幼儿自然就主动开始表演了。

2. 音乐提示幼儿该表演什么

再如，老师组织的活动"七个小矮人"中，出现欢快的音乐时是小矮人们在劳动，出现恬静的音乐时是小矮人们睡着了，音乐里隐含了"潜导语"。

3. 该怎样表演，营造表演意境

比如，老师在组织活动"牵牛花"的时候，她选择了一个曲调缓慢而优美的古典音乐，孩子们在听到这样的音乐时，自然而然地就找到了牵牛花在成长过程中，优雅而舒缓地攀爬时的感觉。再如，某老师组织的活动"勇敢的小兵"，选择了节奏明快的进行曲，即使不用老师语言上的引导，孩子们也将小兵走路的强劲有力感表演得淋漓尽致。

有的老师为活动量身定做音乐，在这种情况下，老师的音乐素养显得尤为重要。而且，制作一个原创音乐也是一件非常不容易的事。比如，某老师在组织活动"乌鸦和狐狸"时就采用了原创音乐，反反复复对音乐做了多次的修改，才找到理想的音乐效果，成功地制作出了原创音乐"乌鸦和狐狸"。音乐里，你甚至可以听到狐狸的狡猾和乌鸦的骄傲。音乐为整个活动添姿增彩，孩子们表演起来更得心应手。

二、故事指导

故事的内容其实就是幼儿动作表演的指导语。

比如，故事中描述"小白兔蹦蹦跳跳地去采蘑菇"，就是要求幼儿在表演时候将蹦蹦跳跳的动作表现出来，而不是走着或爬着去的。再如，"大老虎伸出爪子，张开大嘴巴，猛扑过去"非常形象地描绘出大老虎看见小兔子时的体态。只要幼儿熟悉故事内容，就很容易将动物的形象生动地表现出来。

1. 可以选择一种角色进行表演

在这种情况下，表演的内容要有所不同。比如，某老师的活动"小鸟"，孩子们的角色就是一只只小鸟。小鸟张开翅膀到处飞，找小虫子吃，遇到了暴风雨，后来找到了妈妈，在妈妈的帮助下，回到了家。大部分孩子们要做的就是，按照故事内容自己进行表演。一种角色的表演适合小班的幼儿。

2. 两个角色的表演

要选择有明显性格对比的两个角色。比如，小白兔和大灰狼，大花猫和小老鼠，老鹰和小鸡等。

要选择有互动、有交流的两个角色。比如，"过猴山"中的老爷爷和小猴子、牵牛花和小树、小鱼和螃蟹等。

两个角色的表演需要小朋友之间的配合，因此适合中班的幼儿。

3. 多个角色的表演

比如，故事《东郭先生和狼》，就需要东郭先生、狼、农夫三个角色，因此，三个或多个角色的表演更适合大班的幼儿。

三、用语言指导幼儿的表演

表演即动作表现力，在这里指的是幼儿的表演。

表演什么？表演活动总是放在活动的最后进行，幼儿对音乐的感受有多少？故事内容理解了吗？看看幼儿的表演，就知道答案了。所以说表演也是幼儿对于音乐的感受和故事理解程度的一种检验。

怎样表演？是鼓励幼儿进行创造性的表演。比如，表演毛毛虫爬，如果全班幼儿都是一个姿势在爬，那教师就要做自我检讨了。

应该用启发式的语言鼓励幼儿思考并进行富有个性的表演。比如："你们看，某某小朋友他是这样表演毛毛虫，你有没有更好的想法？"鼓励幼儿创造性的表演，平时在教育教学和活动区活动中都应有所体现。

表演过程中，幼儿处于半自由状态，同时也是在考验教师驾驭活动、驾驭幼儿的能力。

四、在活动区中指导幼儿舞台表演

为幼儿创设表演的氛围。可以在活动区中设立表演区，提供表演的素材，准备丰富的道具，如故事图片、手偶、头饰、服装等，激发幼儿的表演兴趣。活动区里的材料随着活动的开展和幼儿表演能力的提高，应随时更换。

创设必要的物质环境，是幼儿能否顺利开展故事表演的先决条件。表演的物质环境的创设包括表演场地、背景的创设和表演道具的设计与准备。创设有意境的、丰富的表演环境，能起到烘托情境、渲染气氛的作用，会让幼儿产生遐想，萌发参与表演的愿望。

在创设环境时，应遵循简单、方便的原则，避免过大、过重、过繁，不能妨碍表演，只要能烘托情境、渲染气氛即可。

教师要启发幼儿根据自己表演的主题和情节认真思考，共同创设有关的环境。

在制作道具的过程中，教师要根据情节发展的需求为幼儿提供多种辅助材料，并和他们一起商议、制作道具。道具不必过于精致、鲜明，以免影响表演的开展，它可以以物代物，稍有象征性即可。通过一系列动手、动脑的道具制作活动及表演活动，能激发幼儿参与故事表演的兴趣。

知识拓展

幼儿故事赏析

两只蚂蚁

非常不幸，两只蚂蚁误入玻璃杯中。开始，他俩慌慌张张地在杯底四处触探，想寻一个缝隙爬出去。不一会儿，他们便发觉这根本不可能，于是他们开始沿杯壁攀登。看来，这是通向自由的唯一的路。

然而，玻璃表面太滑，他们刚爬了两步，便重重地跌了下去。揉揉摔疼的身体，他们爬起来再次往上攀登。很快，他们又重重地跌到杯底。三次、四次、五次……有一次眼看就要爬到杯口上了，可惜，又失败了。

好半天，他们才喘过气来。一只蚂蚁说："咱们不能再冒险了……否则……非得跌个粉身碎骨不可！"另一只蚂蚁说："刚才咱们离胜利就差一步了！"说罢，他又开始攀登。

经过一次次失败，那只蚂蚁终于摸到了杯口，用尽最后力气翻过了"围墙"。在杯底的另一只蚂蚁望着高高的玻璃杯、滑滑的玻璃表面，始终不相信自己会爬出玻璃杯，他蜷缩在杯底，最后被饿死了。

赏析

这个故事告诉我们，在遇到困难的时候决不能失去信心，只要一点一点、一步一步地坚持努力，困难就会被克服，就一定会取得成功。

主题4　故事表演的教学设计

　　你是不是以为表演游戏就是孩子们在表演区唱唱歌、跳跳舞？这只是传统的歌舞表演，想要促进幼儿认知、社会性、语言等方面的发展，还得多开展故事性的表演游戏，即根据故事或童话的内容，扮演其中的角色，并运用语言、动作和表情等表演形式再现作品内容。以下是故事表演教案设计和案例。

一、幼儿故事表演教案设计

教学目标：

1. 通过幼儿故事表演，培养幼儿的语言表达能力和表演能力。

2. 培养幼儿的团队合作精神和自信心。

3. 增强幼儿对故事情节的理解和记忆能力。

教学内容：

1. 故事选择：选择适合幼儿的故事，如《三只小猪》《小红帽》等。

2. 故事分析：分析故事情节，确定每个角色的性格特点和表演方式。

3. 角色分配：根据幼儿的性格和表演能力，分配角色。

4. 排练表演：进行多次排练，熟悉角色和情节，提高表演水平。

5. 表演展示：在班级或学校进行表演展示。

教学步骤：

1. 故事选择

选择适合幼儿的故事，可以根据幼儿的年龄和兴趣爱好来选择。一般来说，情节简单、生动有趣的故事更适合幼儿表演。例如，《三只小猪》《小红帽》《小熊和小兔》等。

2. 故事分析

在选择好故事后，需要对故事进行分析，确定每个角色的性格特点和表演方式。例如，《三只小猪》中，大猪的性格可以表现为稳重、聪明，小猪的性格可以表现为机智、灵活。在表演时，可以通过服装、道具和表情来表现角色的性格特点。

3. 角色分配

根据幼儿的性格和表演能力，分配角色。一般来说，每个幼儿都应该有一个角色，这样可以培养幼儿的团队合作精神和自信心。在分配角色时，需要考虑幼儿的性格和表演能力，让每个幼儿都能够发挥自己的特长。

4. 排练表演

进行多次排练，熟悉角色和情节，提高表演水平。在排练时，需要注意以下几点：

（1）熟悉情节：幼儿需要熟悉故事情节，了解每个角色的性格特点和表演方式。

（2）练习台词：幼儿需要练习台词，熟悉角色的语言表达方式。

（3）练习动作：幼儿需要练习动作，熟悉角色的动作表演方式。

（4）练习配合：幼儿需要练习配合，熟悉角色之间的配合方式。

5. 表演展示

在班级或学校进行表演展示。在表演时，需要注意以下几点：

（1）着装整齐：幼儿需要穿着整齐、干净的服装，展现良好的形象。

（2）道具准备：需要准备好与故事情节相关的道具，增强表演效果。

（3）发挥自己：幼儿需要发挥自己的特长，展现自己的表演能力。

（4）团队合作：幼儿需要团队合作，配合表演，展现团队精神。

教学评价：

教学评价是教学过程中必不可少的一部分，可以通过以下几种方式进行评价：

1．观察评价：观察幼儿在表演过程中的表现，包括语言表达能力、动作表演能力、配合能力等。

2．问卷调查：向幼儿家长发放问卷，了解家长对教学效果的评价。

3．自我评价：让幼儿自己评价自己的表演能力和团队合作精神，增强自信心。

教学反思：

教学反思是教学过程中必不可少的一部分，可以通过以下几种方式进行反思：

1．教师反思：教师需要反思自己在教学过程中的不足之处，以便在下一次教学中改进。

2．学生反思：让幼儿反思自己在表演过程中的不足之处，以便在下一次表演中改进。

3．教学总结：对整个教学过程进行总结，总结教学经验和教学不足之处，以便在下一次教学中改进。

教学注意事项：

1. 故事选择要适合幼儿的年龄和兴趣爱好。

2. 角色分配要考虑幼儿的性格和表演能力。

3. 排练时要注意熟悉情节、练习台词、练习动作和练习配合。

4. 表演时要注意着装整齐、道具准备、发挥自己和团队合作。

5. 教学评价和反思是教学过程中必不可少的一部分。

二、幼儿园新年主题活动：故事表演屋

活动目标：

1. 引导孩子大胆、积极地参加表演活动，感受活动带来的乐趣。

2. 能和同伴协商分配角色，在表演中能学说扮演角色的对话，学会和同伴愉快地合作游戏。

表演角色：

娃娃、蝴蝶美美和毛毛虫丑丑、拔萝卜、受伤的小青蛙。

活动准备：

1. 创设场景：春天的情景（房子、鲜花），春天的背景，池塘的情景。

2. 材料准备：春娃娃、柳树、桃花、布谷鸟、蝴蝶、毛毛虫、蜜蜂、小狗、小姑娘、小猫、小老鼠、小鸡、小鸭、小乌龟等头饰，丝巾、红裙子、黄裙子、绿裙子各一条，小推车一辆。

过程指导：

1. 师：小朋友们，你们喜欢表演节目吗？你们会表演什么节目？今天，我们将好看的节目表演给小朋友们看，好吗？

（出示春娃娃）师：这是谁？春娃娃急急忙忙要去找谁？它对布谷鸟说了什么？对柳树、桃花又说了什么？（集体练习对话，进行故事表演）

2．师：春娃娃来了，看谁也来了？

（出示蝴蝶头饰）有一天，蝴蝶在飞的时候遇到了谁？它对毛毛虫说了什么？毛毛虫听了会怎样做？谁来劝毛毛虫？（集体练习对话，进行故事表演）

3．（出示大萝卜）师：这么大的萝卜是谁种的？老爷爷请了哪些人来拔萝卜？是怎样请的？（集体练习对话，进行故事表演）

4．听，"呱呱"，谁在叫？小青蛙为什么叫？小青蛙受伤了，那怎么办？谁来帮助它？小鸡说了什么？小乌龟说了什么？（集体练习对话，进行故事表演）

教师反思：

活动场景的布置及材料的提供，能充分激发幼儿参与扮演故事中的角色，幼儿能根据自己扮演的角色有针对性地选择头饰等其他的装饰材料。练习故事中的对话，使幼儿语言的表达和运用都得到提高，通过回忆故事内容，进一步体验文学作品的优美。整个故事的表演中，幼儿的表情都显得比较拘谨，表情单一，语句没有起伏，缺少肢体语言的表现。因为混龄混班的活动开展的时间较短，次数较少，相对应地幼儿与同伴交往和表现的机会较少，所以，应该多创设机会让幼儿多锻炼。

知识拓展

幼儿故事赏析

金色的房子

田野里有一座金色的房子，红的墙，绿的窗，金色的屋顶亮堂堂，太阳一出来，照得房子一闪一闪的，漂亮极了。

有一个小姑娘，她就住在这金色的房子里。每天早晨，她提着一只花篮，到草地上去采花。

一天，小姑娘又去采花了，一只小羊跑过来对她说："小姑娘，您早！您那金色的房子真好，红的墙，绿的窗，金色的屋顶亮堂堂！"

一只小鸟飞来对她说："小姑娘，您早！您那金色的房子真好，红的墙，绿的窗，金色的屋顶亮堂堂！"

一只小狗跑过来对她说："小姑娘，您早！您那金色的房子真好，红的墙，绿的窗，金色的屋顶亮堂堂！"

一只小猴跑过来对她说："小姑娘，您早！您那金色的房子真好，红的墙，绿的窗，金色的屋顶亮堂堂！"

小姑娘听到小羊、小鸟、小狗、小猴都说她的房子好，心里真高兴，她就带着小羊、小鸟、小狗、小猴一起唱歌，一起跳舞。

快到中午了，小姑娘要回家了，小羊、小鸟、小狗、小猴给她采了许多花，一直送她到金色的房子跟前。

小鸟说："小姑娘，让我进去玩吧！"

小姑娘说："不行，你扑棱扑棱地乱飞，会把我的房子弄脏的。"

小狗说："小姑娘，让我进去玩吧！"

小姑娘说："不行，你汪汪汪地乱叫，会闹得我睡不着觉。"

小猴和小羊说："小姑娘，让我们进去玩玩吧！"

小姑娘说："那更不行，你们啪嗒啪嗒地乱跑，会把我家的地板踩坏的。"

小姑娘说完了话，就自个儿走进房子里去，"嘭"的一声，关上了大门。

小姑娘在家唱了一会儿歌，可是没人听她的歌声；跳了一会儿舞，可是没人看她的舞蹈。她觉得闷极了。

她打开窗子一瞧，小羊、小鸟、小狗、小猴在草地上玩得正热闹呢，小鸟飞着叫着，小狗跳着唱着，小猴骑在小羊的背上，像个猎人，真神气。

小姑娘悄悄地打开门，悄悄地走出去，悄悄地走近草地。

小羊看见她，说："小姑娘，快来，快来，跟我们一起玩儿呀！"

小鸟看见她，说："小姑娘，快来，快来，跟我们一起玩吧！"

小狗和小猴也都欢迎她。

小姑娘说："请你们到我家去玩吧！"

小鸟问："你不怕我弄脏你的房子？"小姑娘摇摇头。

小狗问她："你不怕我闹得你睡不着觉吗？"小姑娘摇摇头。

小羊和小猴问她："你不怕我们踩坏你家的地板吗？"小姑娘又摇摇头。

大伙儿都高兴极了，一起跟着小姑娘到金色的房子里去。他们一起唱歌："红的墙，绿的窗，金色的屋顶亮堂堂。"

赏析

《金色的房子》是一篇非常经典的童话故事，故事中蕴含着深刻的教育意义。现在的孩子从小就尽情享受着父母长辈的关爱，但很少懂得付出与分享，而乐于分享是一种积极的亲社会的行为表现。故事中小姑娘不与他人分享带来的后果是难以忍受的孤独感，和分享后带来的愉悦感受产生强烈的对比。由此教育幼儿不要嫌弃同伴的缺点，应该友善地和同伴相处，共同分享玩具，在分享中得到快乐。